ビーズジュエリー
「TOKYOセレブスタイル」51

日下由美子

BEADS JEWELRY TOKYO STYLE

祥伝社

セレブ＝洗練された大人の女性が、公の場で身につけられるビーズジュエリーを。そう思ってこの本を作りました

このネックレスは、「ビーズグランプリ2003」でグランプリをいただいた「クレオパトラのまどろみ」です。"大人の女性が公の場所で身につけられるものを"をテーマとして、編んではほどき、ほどいては編み、をくり返しながら約3カ月費やして作った作品です。

「私にしかできないこと」を追い求めながら、無心で作りあげた、私の原点ともいえる作品なので、特別な思い入れがあります。

グランプリ作品と同じように、この本に掲載した作品すべては「大人が身につけられるもの」をめざして作りました。作る楽しさ、身につけるときの胸のときめきを、ぜひ味わっていただきたいと思います。

見た目はもちろん、身につけたときにも、違和感なく体の曲線に沿うかどうかにすごくこだわったそうです。「何度も鏡の前でつけてみました」

読売新聞社・日本アートアクセサリー協会主催「ビーズグランプリ」2003年度　グランプリ受賞作品「クレオパトラのまどろみ」

3

グランプリ作品をアレンジした、視線を集めるパーティージュエリー

「クレオパトラのまどろみ」のレシピは公開できませんが、大ぶりのモチーフと作品のテイストをアレンジした、ネックレスとリングをご紹介します。

複雑で作り甲斐のある、大物の作品を作るコツは、とにかくあせらないこと。あせるとビーズを通す順番や、テグスを通す場所をまちがえたり、ていねいに編まなくてはならない部分が雑になってしまったりすることがあります。一気に仕上げてしまいたい、という気持ちはわかりますが、じっくりと作りましょう。

今日はお花のモチーフを1個仕上げる、明日はネックレス部分を片方だけ編む、というふうに目標を決めて、ひとつひとつていねいに仕上げましょう。何日もかけてできあがった作品には、特別な愛着がわいてきます。

ゴージャスフラワーのネックレス (p5)

●作り方ポイント

モチーフのテグスを結んだあと、長いまま残しておきます。複雑な作品は何本もテグスを通すので、この時点で結び目をビーズに隠すと、後から別のテグスが通らないこともあります。まちがいを見つけたときもほどいてやり直すことができます。

●コーディネイト

P4の写真で私が着ている、ベージュのワンピースをイメージして作りました。作品そのものが主役になれるくらいゴージャスなので、合わせる服は同系色のシンプルなものを。

●材料

スワロ5301	スモークトパーズ	3mm	18粒
スワロ5301	スモークトパーズ	4mm	40粒
スワロ5301	スモークトパーズ	5mm	11粒
スワロ5301	スモークトパーズ	6mm	1粒
スワロ5301	Ltコロラドトパーズ	3mm	18粒
スワロ5301	Ltコロラドトパーズ	4mm	40粒
スワロ5301	Ltコロラドトパーズ	5mm	11粒
スワロ5301	Ltコロラドトパーズ	6mm	1粒
パール	茶色	3mm	36粒
パール	茶色	4mm	44粒
チェコ	クリスタルブロンズ	4mm	18粒
丸小	ブロンズ(TOHO221)		1096粒
Tピン	ブラック		2本
9ピン	ブラック		6本
丸カン	ブラック		2個
捨てビーズ、Cカンボールチップ	ブラック		各2個
アジャスター・カニカン	ブラック		各1個
2号テグス		お花中心1m	1本
2号テグス		花びら70cm	1本
2号テグス		ネックレス部分70cm	6本

①
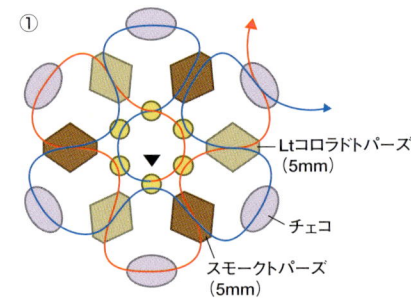

Ltコロラドトパーズ (5mm)
チェコ
スモークトパーズ (5mm)

②
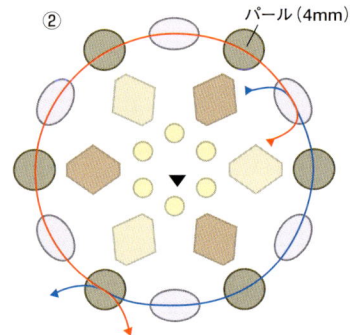

パール(4mm)

●作り方

1 1mのテグスで図のようにモチーフの中心を編み、テグスをチェコで交差させる。

2 1のチェコを拾いながら、間にパールを通し、テグスをパールで交差させる。

TIME	LEVEL	TASTE
数日	★★★	ゴージャス＋エレガント

6

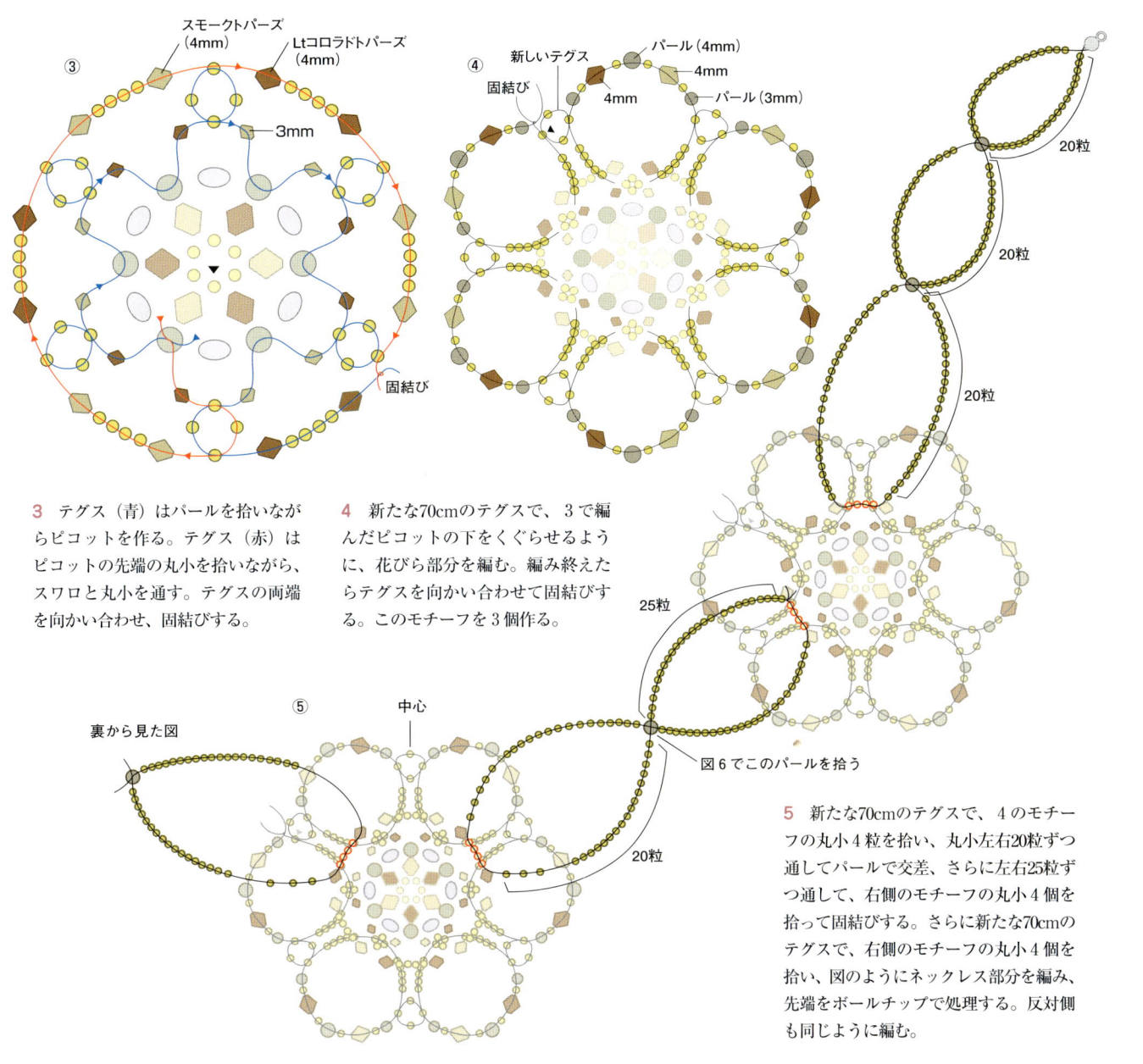

③ スモークトパーズ
（4mm）
Ltコロラドトパーズ
（4mm）
3mm
固結び

④ 新しいテグス　パール（4mm）
固結び　4mm
4mm　パール（3mm）

⑤ 中心
裏から見た図
25粒
20粒
図6でこのパールを拾う
20粒
20粒
20粒

3 テグス（青）はパールを拾いながらピコットを作る。テグス（赤）はピコットの先端の丸小を拾いながら、スワロと丸小を通す。テグスの両端を向かい合わせ、固結びする。

4 新たな70cmのテグスで、3で編んだピコットの下をくぐらせるように、花びら部分を編む。編み終えたらテグスを向かい合わせて固結びする。このモチーフを3個作る。

5 新たな70cmのテグスで、4のモチーフの丸小4粒を拾い、丸小左右20粒ずつ通してパールで交差、さらに左右25粒ずつ通して、右側のモチーフの丸小4個を拾って固結びする。さらに新たな70cmのテグスで、右側のモチーフの丸小4個を拾い、図のようにネックレス部分を編み、先端をボールチップで処理する。反対側も同じように編む。

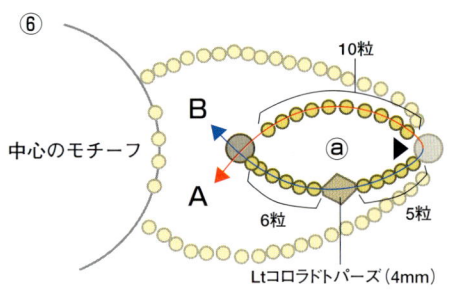

⑥ 中心のモチーフ

10粒

B

A

ⓐ

6粒 5粒

Ltコロラドトパーズ（4mm）

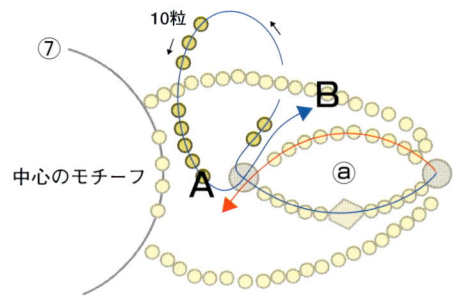

⑦ 中心のモチーフ

10粒

B

A

ⓐ

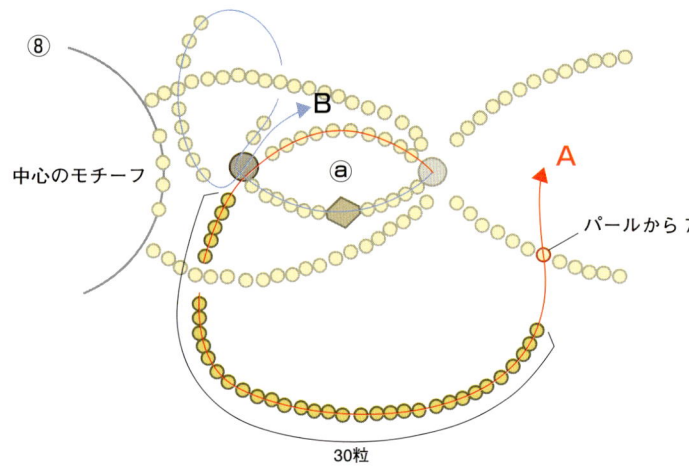

⑧ 中心のモチーフ

B

ⓐ

A

パールから7粒目

30粒

6 70cmのテグスをパールに通す。テグスAは丸小10粒、Bは丸小5粒、スワロ、丸小6粒を通し、パールで交差させる。

7 テグスBに丸小10粒を通して、図のようにネックレス部分にからませ、パールを拾う。

8 テグスAに30粒通し、ネックレス部分の下をくぐらせ、図6の作り始めのパールから7粒目を拾う。

⑨

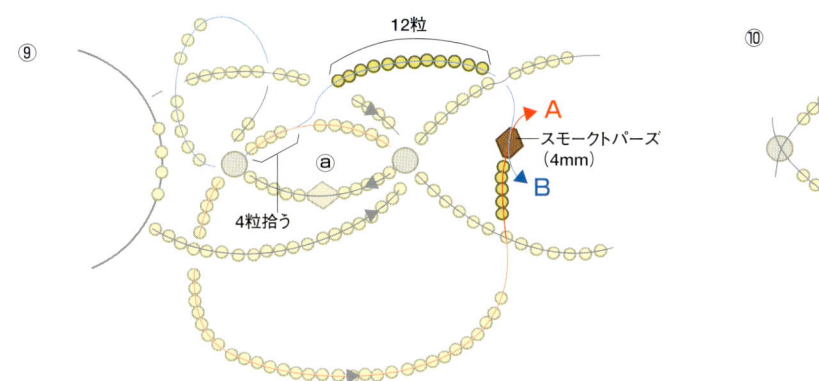

12粒

A

スモークトパーズ
（4mm）

B

ⓐ

4粒拾う

⑩

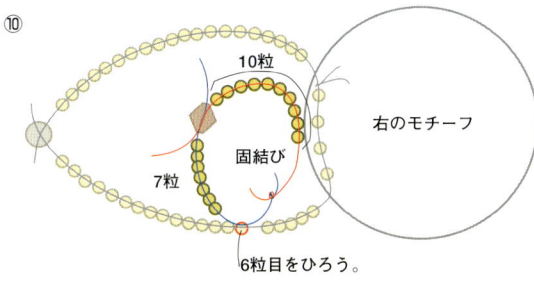

10粒

右のモチーフ

固結び

7粒

6粒目をひろう。

⑪

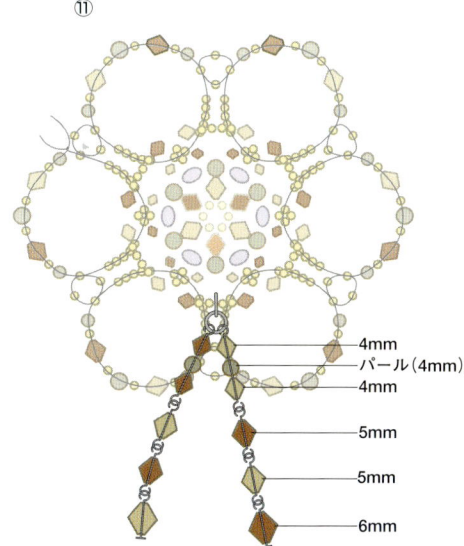

4mm
パール（4mm）
4mm
5mm
5mm
6mm

9 テグスAは、新たな丸小5粒を通す。テグスBはⓐの丸小4粒を拾い、新たな丸小12粒を通す。テグスA、Bをスワロで交差させる。

10 テグスAには丸小10粒を通す。テグスBは丸小を7粒通し、ネックレス部分の丸小のとなりのモチーフから6粒目を拾う。テグスA、Bを向かい合わせ、固結びする。

11 図11のように、Tピンと9ピンで作ったパーツを丸カンにつないでフリンジ部分を作る。これを丸カンで中心モチーフの裏側の丸小4個の間にとめる。

大ぶりのリングを
さらりとつける、この大胆さが、
大人の遊び心です。

ゴージャスフラワーのリング

●作り方ポイント

落ち着いて順序通り作れば、モチーフそのものは見た目ほど難しくありません。別のテグスでリング部分を始めるときに、モチーフのビーズを拾う場所をまちがえないように。

●コーディネイト

P8のネックレスとおそろいでつければ、よりゴージャスに。リングだけをつけるときは、思いきってジーンズやTシャツなど、カジュアルなスタイルに合わせても決まります。

①
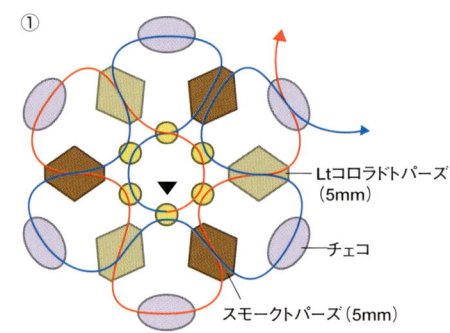
Ltコロラドトパーズ
（5mm）
チェコ
スモークトパーズ（5mm）

●作り方

●作り方

スワロ5301	スモークトパーズ	3mm	6粒
スワロ5301	スモークトパーズ	4mm	6粒
スワロ5301	スモークトパーズ	5mm	3粒
スワロ5301	Ltコロラドトパーズ	3mm	6粒
スワロ5301	Ltコロラドトパーズ	4mm	6粒
スワロ5301	Ltコロラドトパーズ	5mm	3粒
パール	茶色	3mm	6粒
パール	茶色	4mm	6粒
チェコ	クリスタルブロンズ	4mm	6粒
丸小	ブロンズ（TOHO221）		107粒
2号テグス		お花中心1m	1本
2号テグス		リング70cm	1本

1　1mのテグスでモチーフの中心を編み、チェコでテグスを交差させる。

2　図2のようにチェコを拾いながらパールを通す。

②
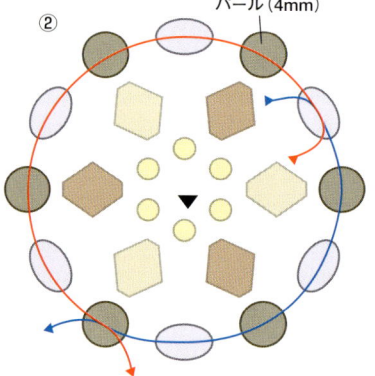
パール（4mm）

TIME	LEVEL	TASTE
120分	★★☆	ゴージャス＋エレガント

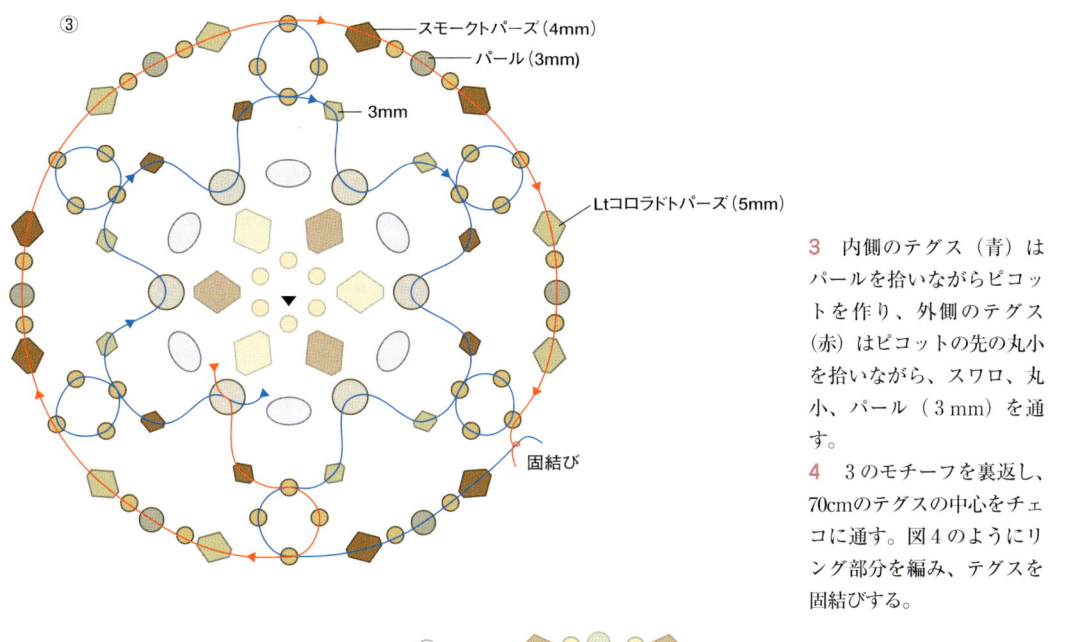

③

スモークトパーズ（4mm）
パール（3mm）
3mm
Ltコロラドトパーズ（5mm）
固結び

3 内側のテグス（青）は
パールを拾いながらピコッ
トを作り、外側のテグス
（赤）はピコットの先の丸小
を拾いながら、スワロ、丸
小、パール（3mm）を通
す。
4 3のモチーフを裏返し、
70cmのテグスの中心をチェ
コに通す。図4のようにリ
ング部分を編み、テグスを
固結びする。

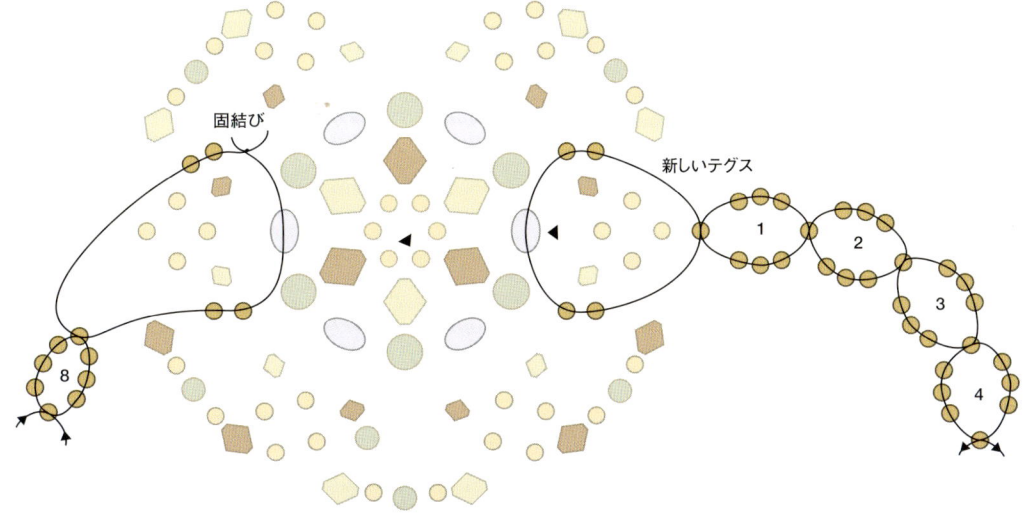

④
固結び
新しいテグス
1 2 3 4 8

11

ビーズジュエリー「TOKYOセレブスタイル」51
CONTENTS

この本のきまり

●作り方図では編み始めのビーズを▲で表しています。

●スワロの表記で5301はソロバン型、5000はラウンド型、Ltはライト、Stはサテンを表します。

●作品のLEVELはあくまで目安としてお考えください。

●「通す」はテグスにビーズを通すこと、「拾う」はすでにテグスに通してあるビーズに、もう一度テグスを通すことです。

●ボールチップとカニカンまたはアジャスターはCカンを使って接続しています。

●材料表上の捨てビーズは、他の金具と同じ欄にあるために色が表記されていますが、ボールチップの中に収まれば何色でも構いません。

●一度テグスを通したビーズは薄い色で表示しています。

●掲載作品のキットの一部をインターネット上で販売いたします。P84をご参照ください。

いつものモチーフも少しの工夫で新しく変身

ひとひねり
ゴージャスモチーフ

モチーフを考えるときに、いつも心がけているのは「見た目は動きがあって立体的なのに、編み方は簡単なもの」ということです。ビーズ教室の生徒さんにも「複雑そうに見えたけど、作ってみると意外に簡単ですね！」とよく驚かれます。

平面のモチーフを、ひねったり、曲げたり、ビーズを足したり、裏返していろいろな角度から眺めたりしているうちに、自分でも思わず「おお！」というモチーフができあがる瞬間があります。そんなとき、自分の宝物がまたひとつ増えたような嬉しい気持ちになります。

この章では、そんな宝物の一部をみなさんにご紹介しましょう。

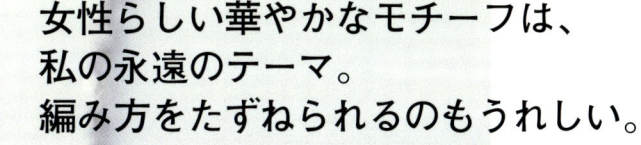

女性らしい華やかなモチーフは、
私の永遠のテーマ。
編み方をたずねられるのもうれしい。

スモーキーピンクの
ネックレス＆リング

●作り方ポイント

平面のモチーフが最後に立体的になるので、テグスをしっかり引き締めることが大切です。ネックレスは、9ピンパーツをつける場所さえまちがえなければ成功です。

●コーディネイト

清楚な女性をイメージして作ったので、白やベージュのブラウス、カットソーなどによく合います。コーディネイトに女性らしさをプラスしたいときにぴったり。

TIME 60分　LEVEL ★★☆　TASTE スウィート＆エレガント

スモーキーピンクのネックレス (p15)

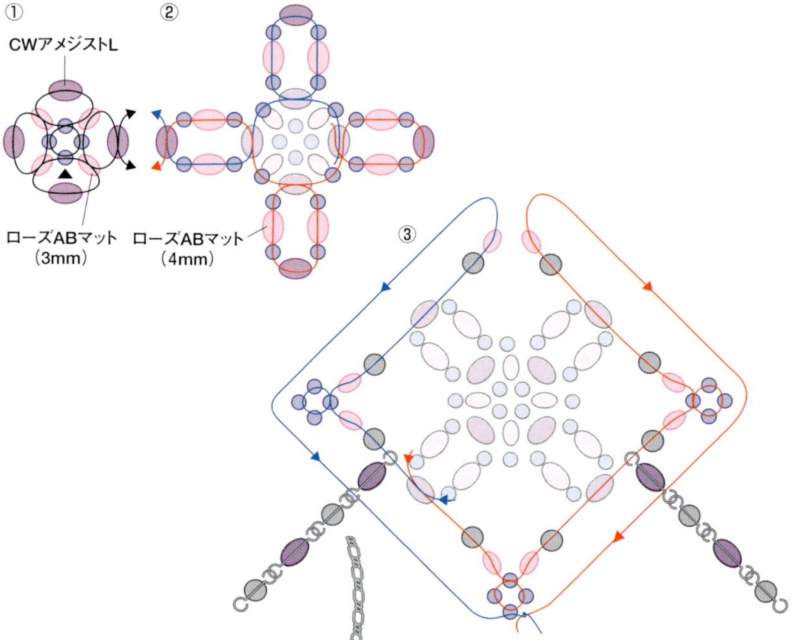

① CWアメジストL

ローズABマット（3mm）　ローズABマット（4mm）

②

③

④　丸カン

ローズABマット（4mm）

●材料

チェコ	ローズABマット	3mm	12粒
チェコ	ローズABマット	4mm	10粒
チェコ	CWアメジストL	4mm	12粒
パール	シルバー	4mm	13粒
丸小	紫（TOHO2124）		36粒
9ピン	シルバー		10本
Tピン	シルバー		1本
チェーン	シルバー	24cm	2本
丸カン	シルバー	0.5×3	2個
Cカン	シルバー		2個
アジャスター・カニカン	シルバー		各1個
2号テグス		1m	1本

●作り方

1 9ピンで、チェコ（CWアメジストL）×4個、パール×5個、チェコ（ローズABマット）×1個、Tピンでチェコ（ローズABマット）×1個のパーツを作る。

2 図1のようにモチーフの中心を編む。

3 図2のようにチェコ（CWアメジストL）を拾いながらピコットを4個編む。

4 ピコットのチェコ（CWアメジストL）を拾いながら、図3のようにビーズを通す。途中で9ピンの輪を拾い、テグスを引き締めて固結びにする。丸カンが通りやすいように、丸小は大きめのものを選ぶ。

5 図4のようにモチーフの丸小に丸カンを通しチェーンをつなぐ。

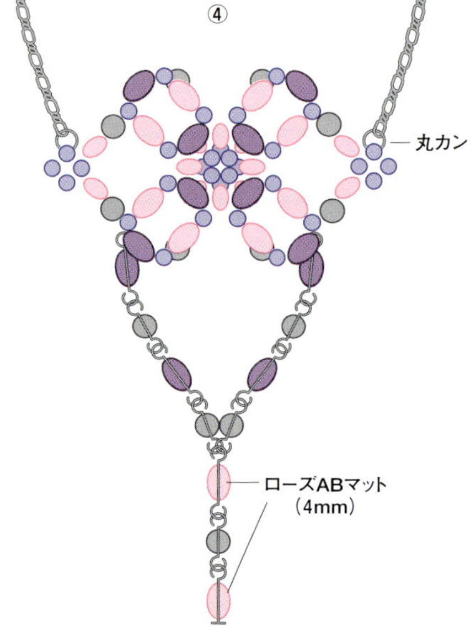

スモーキーピンクのリング <small>(p14)</small>

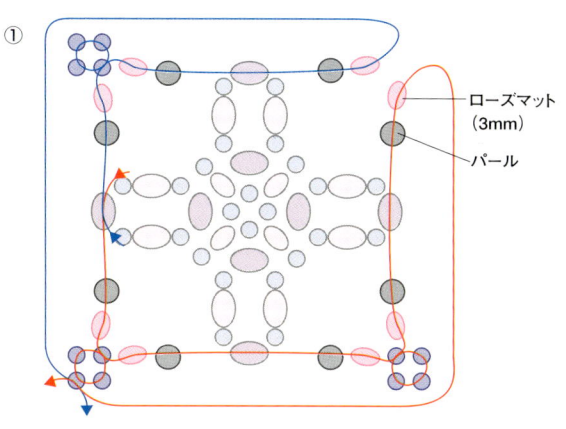

① ローズマット（3mm）

パール

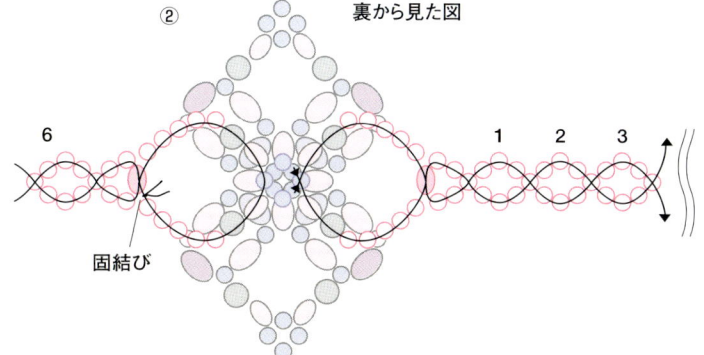

② 裏から見た図

固結び

6　　　　　　　　　　　1　2　3

● 材料

チェコ	ローズABマット	3mm	12粒
チェコ	ローズABマット	4mm	10粒
チェコ	CWアメジストL	4mm	8粒
パール	シルバー	4mm	8粒
丸小	紫（TOHO2124）		36粒
丸小	ピンク（広島1125）		71粒
2号テグス		1m	1本

● 作り方

1　ネックレス1〜3同様にモチーフを作り、テグスを引き締める。

2　モチーフを裏返し、図のようにチェコ（ローズABマット・3mm）とパールを拾い、丸小ピンクでリング部分を編み始める。

3　チェコ（ローズABマット4mm）で交差したら、片方のテグスに丸小5粒を通し、パール、チェコ（ローズABマット3mm）、丸小、チェコ（ローズABマット3mm）、パールを拾い、丸小5粒を通して固結びする。

香水びんにもリースにも見える
ペンダントヘッドは、
エレガントな立体感がポイントです。

スワロとパールの
リースモチーフネックレス

●作り方ポイント

8の字編みのくり返しです。作り方2で丸
小を通しながら編み戻るときに、左右で丸
小の数がちがうのがポイント。テグスは1
回1回しっかり引き締めて形を整えます。

●コーディネイト

写真のように革ひもに通すと、カジュアル
な雰囲気ですが、ネックレスチェーンに通
すと表情が変わります。モチーフを応用し
てキーホルダーやチャームにも。

TIME	LEVEL	TASTE
60分	★★☆	キュート + スウィート

パールとマットカラーの
スワロの組み合わせが新しい。
ペンダントヘッドをアレンジ

スワロとパールの
ツイステッドリング

●作り方ポイント
リング部分をきれいに編むためには、テグ
スがねじれないように、1回交差するごと
にごとにテグスを引き締めて。

●コーディネイト
リングの色と合わせて、手持ちのパールや、
シルバーのリングと重ねづけしてもおしゃ
れな雰囲気。ネイルの色とコーディネイト
するのも楽しいでしょう。

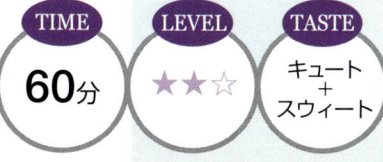

TIME	LEVEL	TASTE
60分	★★☆	キュート＋スウィート

スワロとパールのリースモチーフネックレス (p18)

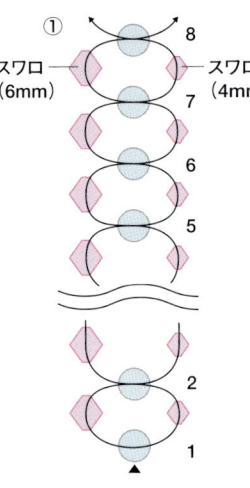
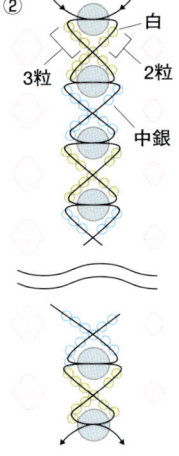

① スワロ（6mm）　スワロ（4mm）　8 7 6 5　2 1 ▲

② 白　3粒　2粒　中銀

③

④ パール（3mm）　固結び

⑤ 革ひも

●材料

	ピンク	青		
スワロ5301	ローズアラバスター	Ltアゾレ	4mm	10粒
スワロ5301	ローズアラバスター	Ltアゾレ	6mm	7粒
パール	白		5mm	8粒
パール	白		3mm	12粒
丸小	白（TOHO122）	シルバー（広島151）		44粒
丸小	中銀（TOHO21）			45粒
革ひも			約38cm	1本
カシメ	シルバー			2個
Cカン	シルバー			2個
アジャスター・カニカン	シルバー			各1個
2号テグス			1.2m	1本

●作り方

1 図1のように、スワロとパールを8の字編みで7回編む。

2 図2のようにパールを拾いながら丸小の8の字編みで戻る。スワロ6mm側は丸小3粒ずつ、4mm側は丸小2粒ずつなので注意。

3 図3のように内側のテグスはスワロ（4mm）を拾い、外側のテグスはスワロ（6mm）の間にパール（3mm）を加えながら戻り、パール（3mm）で交差させる。モチーフを円形に整える。

4 革ひもを通す輪を編み、テグスを固結びにする。革ひもを通す。（革ひもの処理はP83）

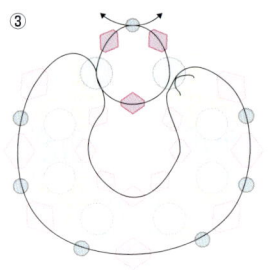
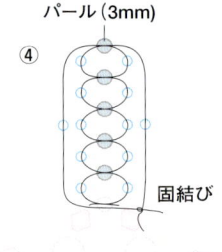
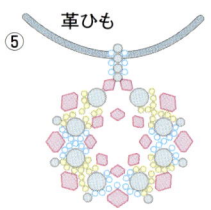

スワロとパールのツイステッドリング (p19)

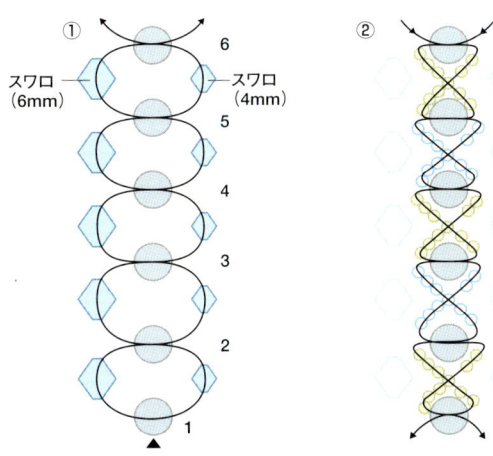

① スワロ (6mm) スワロ (4mm)
6
5
4
3
2
1 ▲

②

③
3 7
2 8
1 9

●材料

	ピンク	青		
スワロ5301	ローズアラバスター	Ltアゾレ	4mm	5粒
スワロ5301	ローズアラバスター	Ltアゾレ	6mm	5粒
パール	白		5mm	6粒
パール	白		3mm	13粒
丸小	白(TOHO122)／シルバー(広島151)			33粒
丸小	中銀 (TOHO21)			52粒
2号テグス			1.1m	1本

●作り方

1 図1、2を参照して、ネックレス同様に中心部分を編む。

2 内側のテグスは丸小（中銀）を加えながらスワロ（4 mm）を拾い、外側のテグスはパール（3mm）を加えながらスワロ（6 mm）を拾う。

3 丸小とパール（3mm）でリング部分を編み、テグスを固結びにする。

シンプルな作品こそ、
大人っぽく仕上げるのが私のこだわり。
ゴールドの効かせ方がポイント

ネックレス「COLUMN」
リング「SAZAE」

●作り方ポイント
ネックレスは、図の通りに3列を編めば失敗なし。黒のリングは、あとから丸小とチェコを通したテグスを重ねるときに、丸小がチェコの上にくるようにします。

●コーディネイト
黒のセットは、誰もが1着は持っているシンプルな黒い服に合わせると、ヘマタイトのカットやパールの輝きが引き立ちます。クリスタルのセットはチェコの輝きが、白い服によく似合います。

ネックレス

TIME	LEVEL	TASTE
40分	★☆☆	クール＋シック

ビーズを替えただけでこんなに違う印象。
クリスタル×ブルーに、
パールの輝きを加えたセレブのマリン風

リング

TIME	LEVEL	TASTE
30分	★☆☆	クール+シック

ネックレス「COLUMN」(p22、23)

●材料

	クリア	黒		
チェコ	クリスタルキャル	ヘマタイト	4mm	12粒
パール	白	ゴールド	4mm	3粒
スワロ5000	カプリブルーAB	パール（緑）	3mm	3粒
丸小	3カット青（CR932）	金（TOHO551）		24粒
2号テグス			80cm	1本
ネックレス部分	ボールチェーン	革ひも	40cm	1本
カシメ		ブラック		2個
Cカン	シルバー	ブラック		2個
アジャスター・カニカン	シルバー	ブラック		各1個
Vカップ	シルバー			2個

●作り方（ネックレス黒、クリア共通）

1 図1のように、8の字編みをくり返しながら5目3列編む。

2 図2のようにビーズA、B、CとA'、B'、C'、を向かい合わせて筒状にはぎ合わせ、テグスを固結びにする。

3 2に黒は革ひも、クリアはボールチェーンを通す。（革ひも、Vカップの処理はP83）

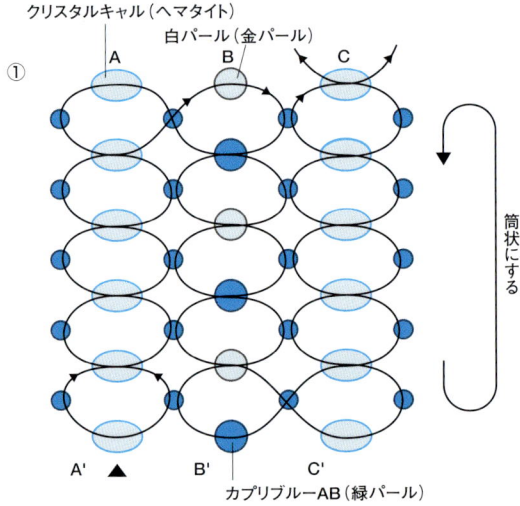

クリスタルキャル（ヘマタイト）
白パール（金パール）

① A　B　C

筒状にする

A'　▲　B'　C'

カプリブルーAB（緑パール）

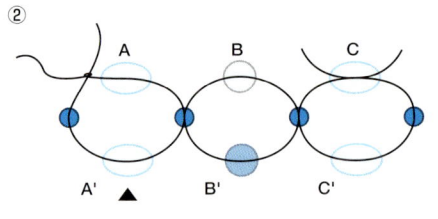

② A　B　C

A'　▲　B'　C'

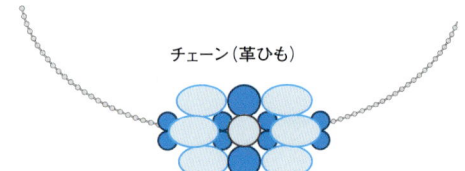

チェーン（革ひも）

リング「SAZAE」(p22、23)

①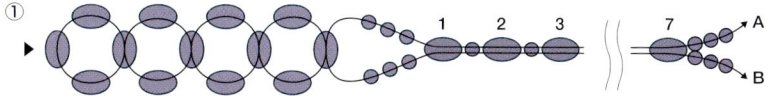

②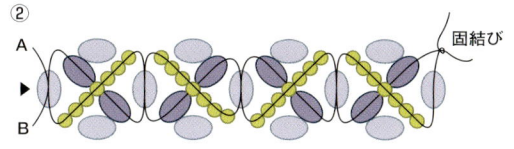

①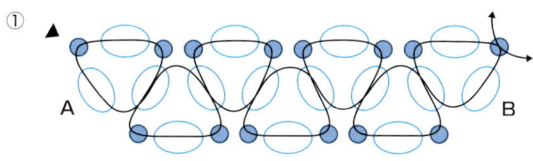

②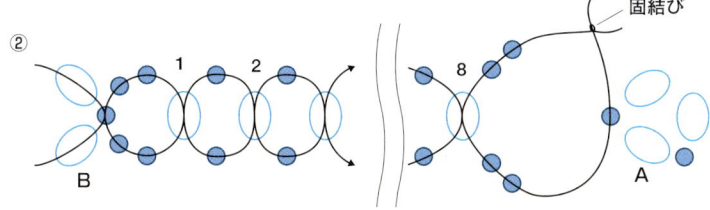

●材料(黒)

チェコ	ヘマタイト	4mm	28粒
丸小	金(TOHO551)		28粒
丸小	黒		18粒
2号テグス		80cm	1本

●作り方

1 図1のようにチェコを4目8の字編みし、テグス2本一緒にリング部分を通す。

2 テグスの両端を作り始めのチェコで交差させ、丸小7粒とチェコ2粒で×を描くようにしながら、1で編んだチェコを拾いながら交差させる。(丸小を通したテグスが、チェコ2粒を通したテグスの上に重なるように。交差はさせない)。テグスの両端を固結びにする。

●材料(クリア)

チェコ	クリスタルキャル	4mm	23粒
スリーカット	シルバー(CR932)		36粒
2号テグス		80cm	1本

●作り方

1 図1のようにチェコと丸小を編む。交差させるビーズをまちがえないように注意。

2 1の続きでリング部分を編む。

3 テグスを固結びにする。

25

リバーシブルに使えるモチーフです。
ひとつのモチーフを、さまざまな角度から眺めていると、
新しい使い方やモチーフがひらめくことも

●作り方ポイント
「このモチーフはどうやって作る
の？」とよく聞かれますが、何
重にも輪を描くようにビーズを
重ねていくだけなので、とても
簡単です。テグスをきちんと引
き締めるのがコツ。
●コーディネイト
女性の胸元をシャープに見せて
くれます。白いシャツでや同系
色のカットソーなどと合わせて。

TIME	LEVEL	TASTE
60分	★★☆	シャープ ＋ クール

ティアドロップモチーフのペンダント

●材料

	ピンク	パープル		
スワロ5301	Ltローズサテン	タンザナイト	3mm	16粒
スワロ5301	Ltローズサテン	タンザナイト	4mm	10粒
スワロ5301	Ltローズサテン	バイオレットオパール	6mm	1粒
スワロ5301	オーラム1X	バイオレットオパール	4mm	4粒
スワロ5301	オーラム1X	バイオレットオパール	5mm	2粒
パール	ピンク	白	3mm	5粒
丸小	ピンク（TOHO291）	紫（広島1125）		約250粒
2号テグス	モチーフ用		70cm	1本
2号テグス	ネックレス用		1m	1本
ボールチップ	銅フルビ	シルバー		2個
捨てビーズ、Cカン	銅フルビ	シルバー		各2個
アジャスター・カニカン	銅フルビ	シルバー		各1個

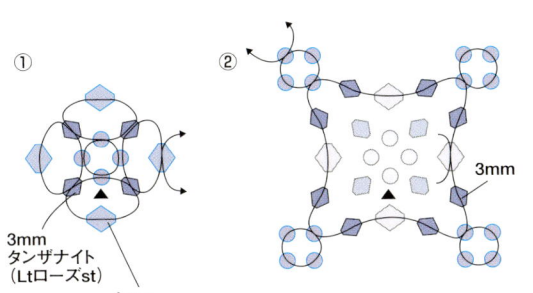

① ②

3mm
タンザナイト
（Ltローズst）

4mm
バイオレットオパール
（オーラム1X）

3mm

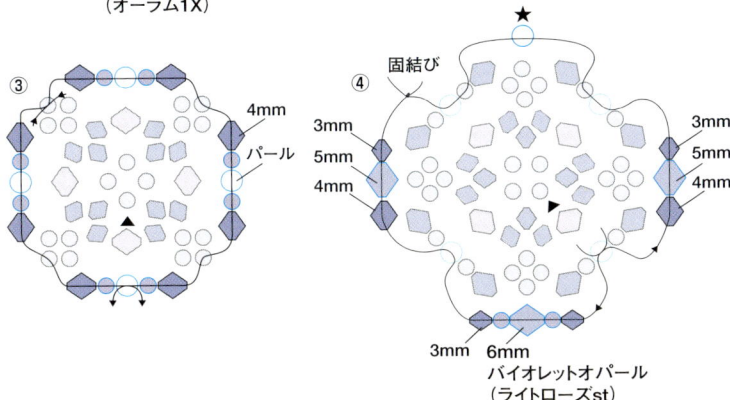

③ ④

4mm

パール

固結び

3mm
5mm
4mm

★

3mm
5mm
4mm

3mm 6mm
バイオレットオパール
（ライトローズst）

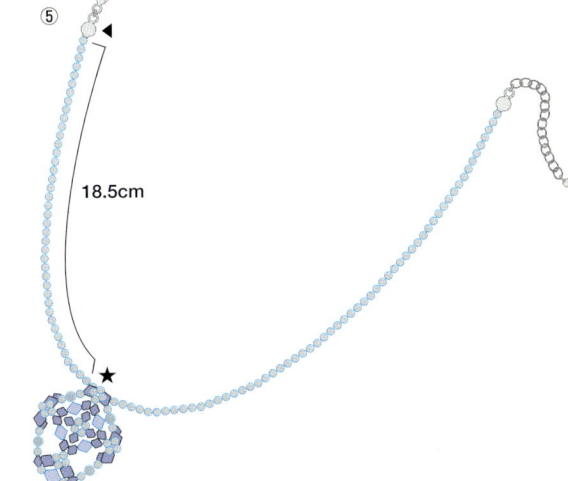

⑤

18.5cm

★

●作り方

1 丸小4粒を中心に、図1のように編む。※凹んでいるほうが表。

2 スワロ（3mm）を加え、丸小でピコットを作り、スワロ（3mm）を加えてスワロ（4mm）を拾う。これを図2の通りにくり返し、最後は丸小で交差する。

3 2のピコットの先端の丸小を拾いながら、スワロ（4mm）、丸小、パールを通す。

4 図4の通り、スワロ、パール、丸小を加え、これらがモチーフの裏になるよう形を整え、テグスを固結びする。

5 1mのテグスでネックレス部分を2本通しする（P82参照）。丸小を約19cm分通し、図4の★印のパールを拾ったら、反対側も同じように通してテグスを処理する。

27

縦並びのラインストーンのカットが
胸元で美しく輝く、
自慢のオリジナルモチーフです

●作り方ポイント
大きさの違うスワロを編み込んで
いくので、スワロが並ぶ順番を確
認しながら編みましょう。テグス
がゆるみがちなので、しっかり引
き締めてから固結びするとモチー
フがきれいに仕上がります。

●コーディネイト
スーツやパリッとしたシャツなど
に似合います。ネックレス部分を2
連にしてスワロを使っているので、
クールさと女性らしさが交互に顔
をのぞかせるコーディネイトがで
きます。

TIME	LEVEL	TASTE
90分	★★☆	クール + シャープ

ラインストーンのロングモチーフネックレス

●材料

スワロ5301	ジェットNUT2X	3mm	6粒
スワロ5301	ジェットNUT2X	4mm	10粒
スワロ5301	ジェットNUT2X	5mm	12粒
スワロ5301	クリスタル	4mm	5粒
スワロ5301	メリディアンブルー	4mm	22個
スワロ53201	クリスタルAB	4mm	4粒
丸小	クリア(TOHO21F)		約230粒
チェコ	クリスタル	4mm	1粒
捨てビーズ、Cカン、ボールチップ(シルバー)			各2個
アジャスター・カニカン	シルバー		各1個
3号テグス		1m	2本

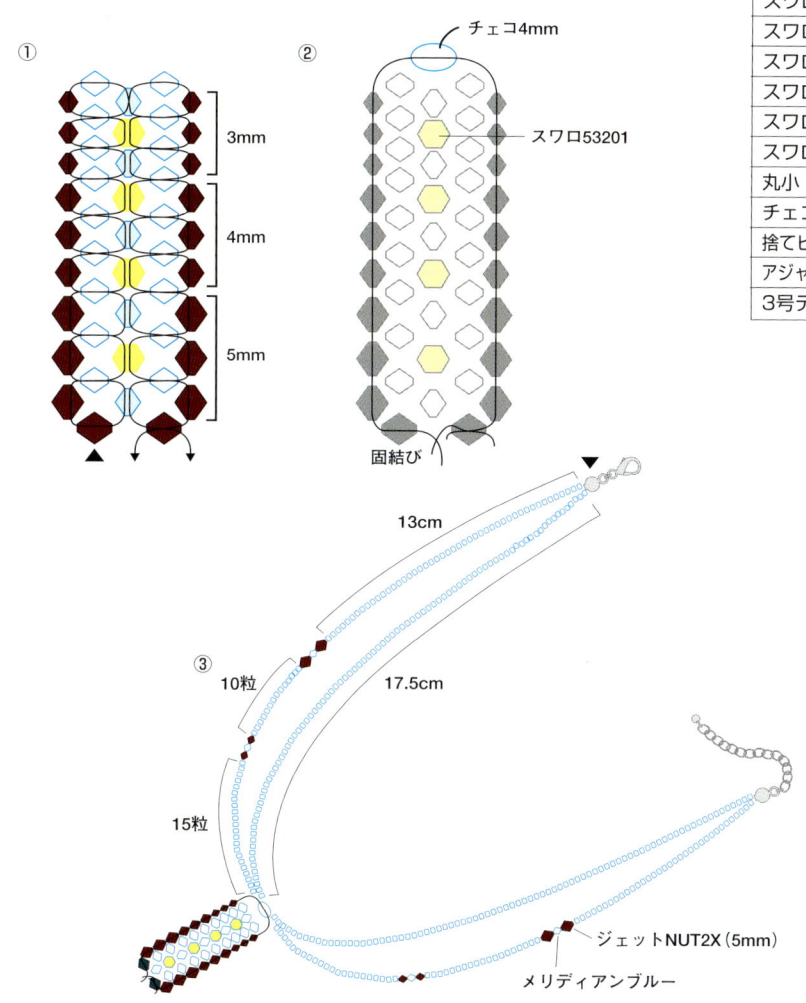

① チェコ4mm

3mm
4mm
5mm

② スワロ53201

固結び

③ 13cm

10粒

17.5cm

15粒

ジェットNUT2X(5mm)

メリディアンブルー

●作り方

1 図のようにスワロとラインストーンを8の字編みにしながら2列編む。

※1列目を編み終えると、弓状になりますが、2列目をきちんと編むと直る。

2 片方のテグスで、1で編んだスワロ（ジェットNAT2X）を拾いながら、途中でチェコを通して1周させ、固結びにする。

3 P82を参照にテグス2本通しでネックレス部分を通す。2のモチーフのチェコを拾い、反対側も同じように通してテグスを処理する。

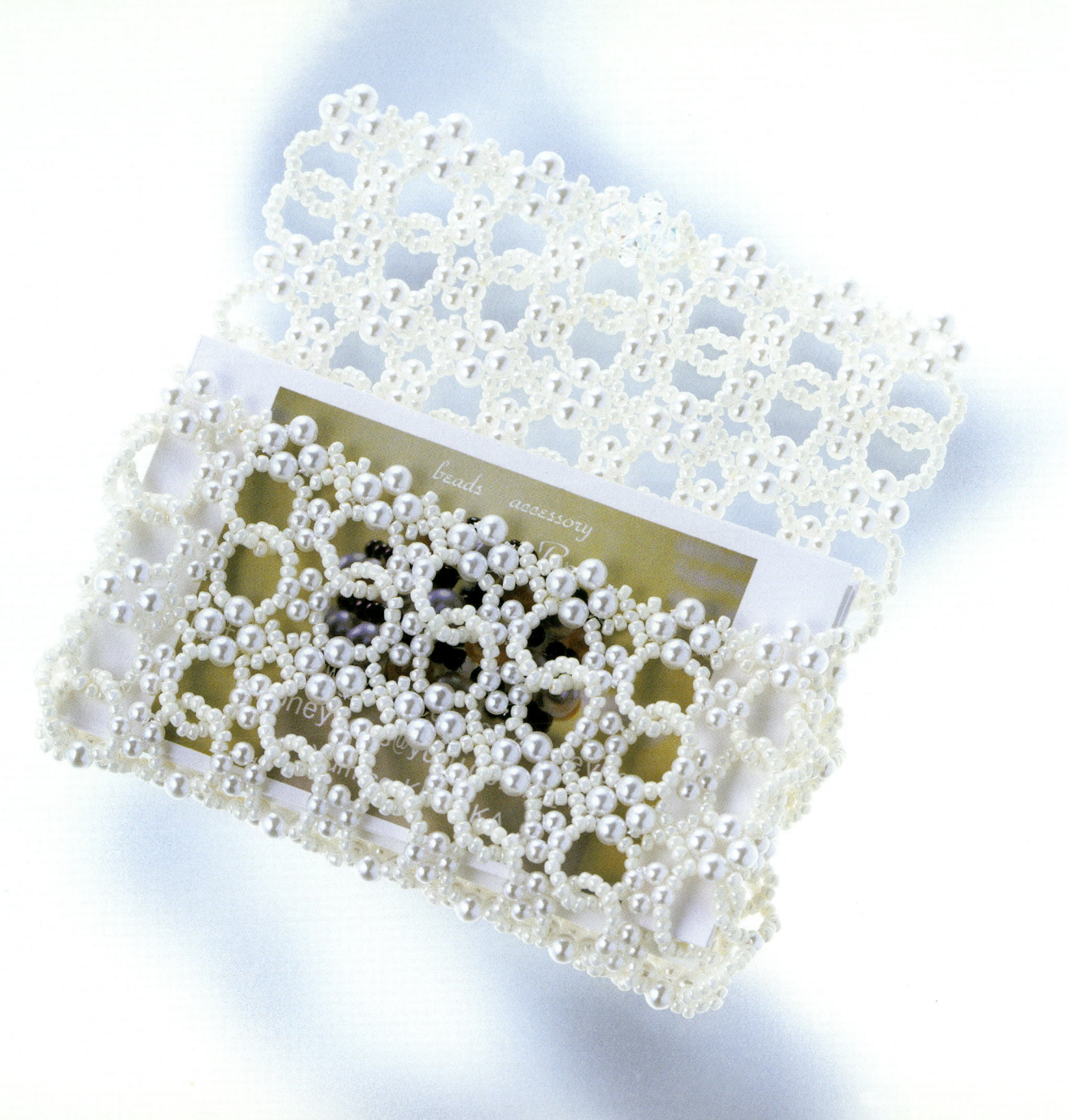

初対面のに自分を印象づける
総ビーズ編みの名刺ケース

ふだんから私が使っている名刺ケースです。初対面の方にあいさつするときに、この名刺ケースを取り出すと、みなさんが「作ったんですか？」と注目してくださいます。あとから「あの名刺入れはインパクトがありましたね」といわれることもしばしばです。

モチーフ作品とはちがって、難しい編み方は一切なし。とにかく単純作業のくり返しでできている作品です。編んでいる途中で飽きてしまったり、面倒に思うときもあるかもしれません。

一晩で作ってしまおうと思わずに、何日かかけて少しずつ編み進めていきましょう。半分以上編み進むと、できあがりが楽しみになります。

パールの名刺ケース (p30)

●作り方ポイント

パールの穴に小さなほこりが詰まっていることがあるので、ピンなどを刺して掃除をしてから作り始めましょう。「パールにテグスが通らない！」とイライラせずにすみます。前に編んだ段の丸小の輪に、テグスをくぐらせるよう次の段を編みます。テグスをくぐらせる方向がいつも同じになるように。あとは根気あるのみ！です。

テグスの長さは総計です。扱いやすい長さで編みましょう。目安としては1段目、7段目は1.3m、2～6段目が1.7m、側面がそれぞれ80cmです。

●材料

パール	白	3mm	304粒
パール	白	4mm	192粒
スワロ5301	クリスタルAB	4mm	2粒
スワロ5301	クリスタルAB	6mm	2粒
丸小	白（TOHO122）		1858粒
2号テグス			約12.7m

●作り方

1 1段目を編む。テグスの中心にパール（4mm）を3粒入れ、新たなパールで交差する。左右のテグスに丸小を2粒ずつ通して1粒で交差。さらに2粒ずつ通してパールで交差する。これをくり返す。7回目のパール4粒の輪で上の段に移り、下段のパールを拾いながら上の段を編み、テグスを固結びする。

2 2段目を編む。途中までは1段目と編み方は同じで、パール（4mm）4粒の輪（最初の輪）まで編んだら、下の段に移る。下側のテグスを、1段目の丸小の輪にくぐらせながら図2のように編み、テグスを固結びする。

TIME	LEVEL	TASTE
数日	★★☆	スウィート＋エレガント

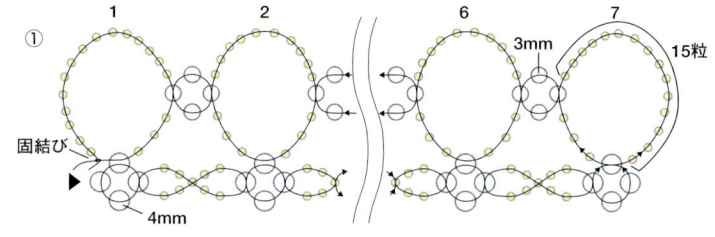

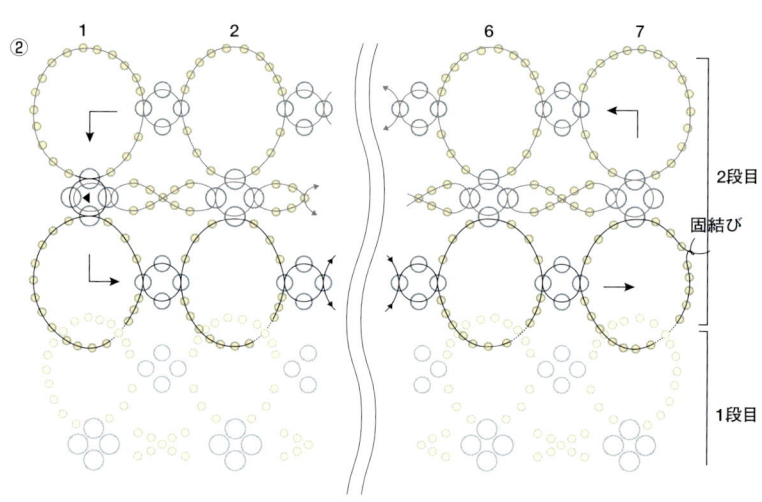

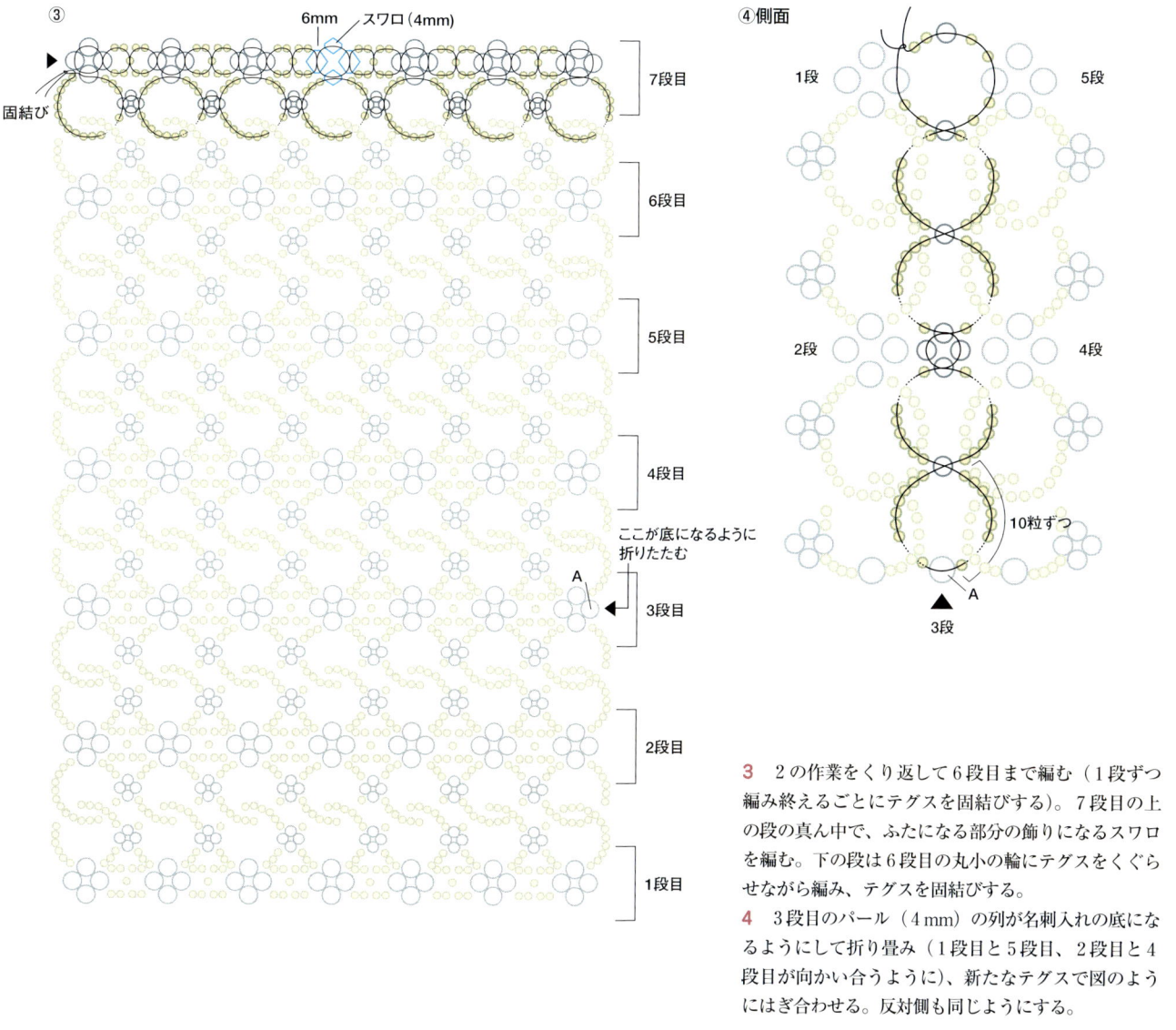

③

6mm　スワロ（4mm）

▶
固結び

7段目

6段目

5段目

4段目

ここが底になるように
折りたたむ

A

3段目

2段目

1段目

④側面

1段　　　　　　5段

2段　　　　　　4段

10粒ずつ

A

▲
3段

3　2の作業をくり返して6段目まで編む（1段ずつ
編み終えるごとにテグスを固結びする）。7段目の上
の段の真ん中で、ふたになる部分の飾りになるスワロ
を編む。下の段は6段目の丸小の輪にテグスをくぐら
せながら編み、テグスを固結びする。

4　3段目のパール（4mm）の列が名刺入れの底にな
るようにして折り畳み（1段目と5段目、2段目と4
段目が向かい合うように）、新たなテグスで図のよう
にはぎ合わせる。反対側も同じようにする。

大人のビーズジュエリーはゴールドの配分が鍵

ゴールドとブロンズづかいで
シック&ゴージャスに

最初は自分でも意識してなかったのですが、私の作品は、ゴールドやブロンズの丸小ビーズを使ったものが多いようです。

メインとなる天然石やスワロのモチーフを引き立てて、さらにゴージャス感をプラスするには、ゴールドやブロンズの使い方がポイントになります。

ビーズアクセサリーであってもチープにならずに「ジュエリー」らしい高級感を出せることのほか、作品にアンティークっぽい表情を加えられるところも気に入っています。

この章では、私が得意とするブロンズやゴールドの丸小ビーズや金具、チェーンを効かせた作品をご紹介します。色合わせに迷ったときに、参考にしてみてください。

TIME	LEVEL	TASTE
120分	★★☆	ゴージャス＋アンティーク

リング「クロノス」

●作り方ポイント

ビーズの輪を幾重にも重ねてモチーフを編むときに、拾うビーズをまちがえないようにしましょう。特に、作り方5のリング部分の編み始めがわかりにくいので慎重に。

●コーディネイト

「クロノス」とはギリシャ語で土星。宇宙をイメージして作った作品なので、ブラウンやグリーン、ベージュなどのアースカラーやナチュラルな素材の服に似合う万能リング。

輝きの異なる、
同系色スワロ5色をフリンジにしました。
微妙な色づかいがセレブの証。

フリンジロングピアス

●作り方ポイント

9ピンパーツの先端を、きれいに丸めるのが
いちばんのポイント。スワロの色が似ている
ので、9ピンに通す順番にくれぐれも注意。
いちばん下に来るのが6mmです。

●コーディネイト

P34のリングや、P38のチョーカーともペアに
なります。単品で使うときはピアスを主役に
して、シンプルなシャツやスーツ、ニットな
どで、複雑な輝きに視線が集まります.

TIME	LEVEL	TASTE
40分	★☆☆	クール＋アンティーク

リング「クロノス」(p34)

●材料

スワロ5301	エリナイト	3mm	8粒
スワロ5301	ジョンキルSt	4mm	4粒
スワロ5301	ジョンキルSt	6mm	2粒
チェコ3面カット	オリーブ	6mm	1粒
チェコ	トパーズVA	3mm	12粒
丸小	金（TOHO221）		117粒
2号テグス		90cm	1本

●作り方

1 ジョンキルサテン6mmから編み始め、丸小、チェコ3面カット、丸小、ジョンキルサテンと編んだら、図2のようにテグスの両端にチェコと丸小を通し、編み始めのジョンキルサテンで交差させる。

2 図3のように丸小7粒を拾い、新たな丸小、エリナイトを1粒ずつ加え、丸小を拾ってエリナイトを通す。さらに丸小8粒ずつを拾ってジョンキルサテン（6mm）で交差。

3 図4のようにチェコを拾って、スワロとチェコ、丸小を通してチェコAで交差させる。

4 モチーフを裏返し、図5のように丸小とチェコを通してチェコBで交差。

5 リング部分を編み、テグスを固結びする。リング部分の編み始めは、左右のテグスで丸小の数がちがうので注意。

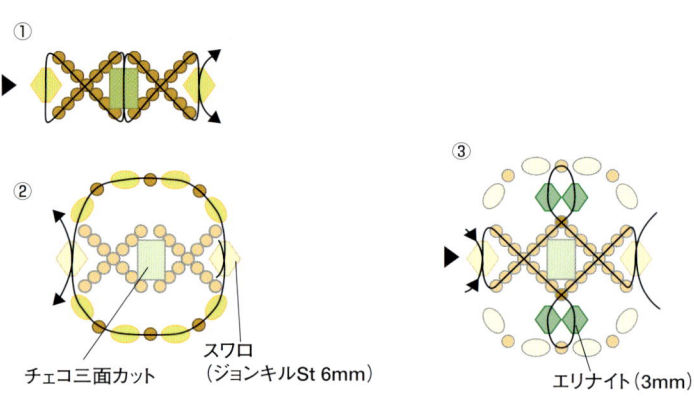

①

② チェコ三面カット　スワロ（ジョンキルSt 6mm）

③ エリナイト（3mm）

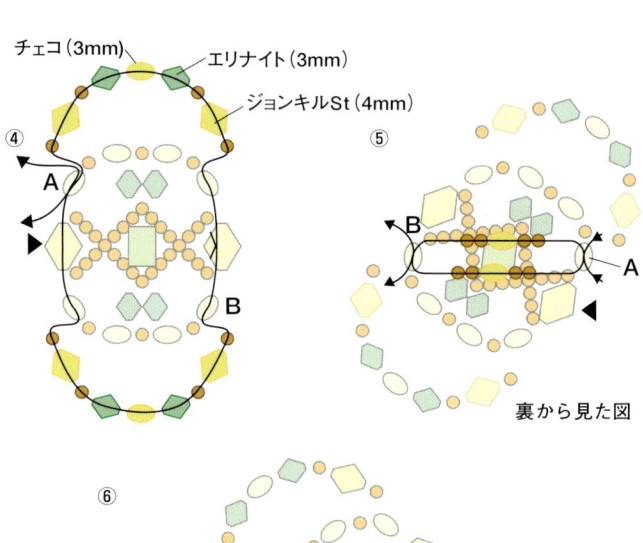

④ チェコ（3mm）　エリナイト（3mm）　ジョンキルSt（4mm）　A　B

⑤ B　A　裏から見た図

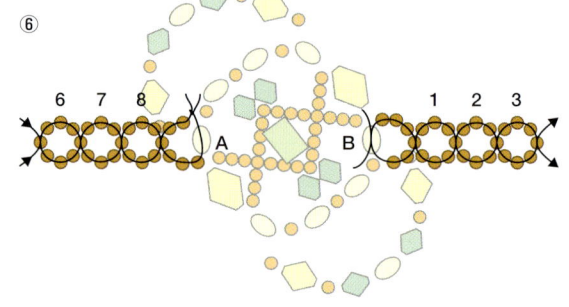

⑥ 6 7 8　A　B　1 2 3

ロングフリンジピアス (p35)

   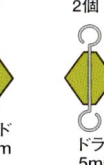

6個　ジョンキルSt 6mm

4個　ジョンキルSt 5mm

8個　タバック 5mm

4個　ドラド 5mm

2個　ドラド 5mm

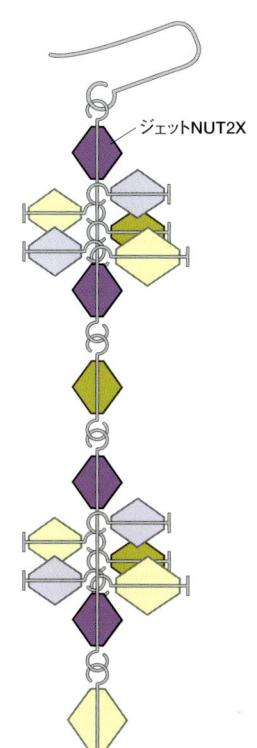

ジェットNUT2X

●材料

スワロ5301	ジョンキルサテン	5mm	4粒
スワロ5301	ジョンキルサテン	6mm	6粒
スワロ5301	タバック	5mm	8粒
スワロ5301	ジェットNUT2X	5mm	8粒
スワロ5301	ドラド2X	5mm	6粒
9ピン	ブラック		6本
Tピン	ブラック		22本
ピアス用金具	ブラック		1組

●作り方

1 図のようにパーツを作る。

2 図のように9ピンにジェットNUT2Xを1粒、1のパーツ、ジェットNUT2Xを通したものを4個作る。

3 2と1をつないでピアス用金具をつける。

お気に入りのペルシャビーズを
チョーカーに。
簡単なのにシック＆ゴージャス！

●作り方ポイント

新しいテグスで、2段目の飾り部分を
編み始めるときに、始める場所や通
す場所をよく確かめましょう。ピコ
ットをきれいに作るために、テグス
が一定の方向を向くように指先で調
節します。

●コーディネイト

これひとつあれば、シンプルな服をパ
ッと華やかにしてくれます。仕事帰り
にちょっとしたパーティーがあるとき
にも便利。革ひもの部分も見せたいの
で、胸元の開いたカットソーやニット
と組み合わせましょう。

TIME	LEVEL	TASTE
120分	★★☆	アンティーク＋エレガント

38

ペルシャビーズの革ひもチョーカー

●材料

ペルシャビーズ	黒	8mm	5粒
スワロ5301	ドラド2X	5mm	8粒
スワロ5301	ジョンキルSt	4mm	40粒
スワロ5301	タバック	3mm	4粒
スワロ5301	タバック	4mm	18粒
チェコ	トパーズVA	3mm	52粒
丸小	金（TOHO221）		263粒
2号テグス	1.2m		2本
革ひも	緑	50cm	1本

●作り方

1 図1を参照してA、Bを交互に編む。4回目のAを編んだ後、Cを2回くり返し、丸小15個の輪を作って結ぶ。

2 新しいテグスでA（3回目）のタバックを拾い、図2のように、2段目を通していく。通し終わったら、最初のスワロ（タバック）で交差。

3 作品の中心のAをはさんで左右対称になるように、B、Aを編み、Cを2回くり返し、丸小15個の輪を作ってテグスを固結びする。※2段目の編み始めでテグスを通す場所をまちがえないように。

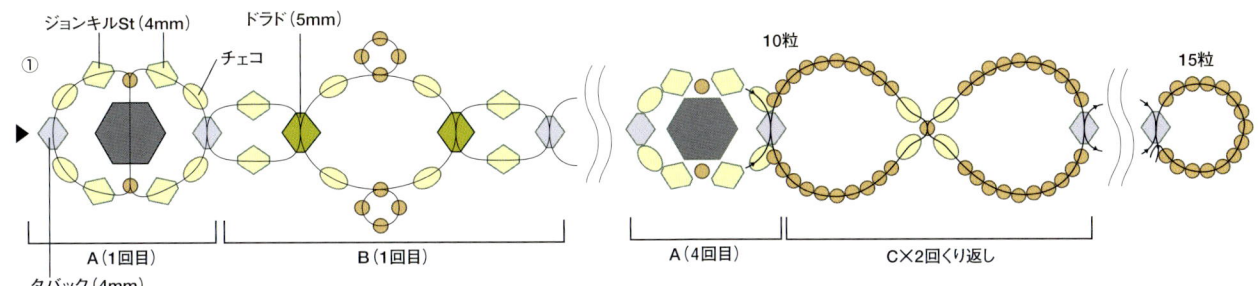

① ジョンキルSt（4mm）　ドラド（5mm）　チェコ　10粒　15粒

A（1回目）　B（1回目）　A（4回目）　C×2回くり返し

タバック（4mm）

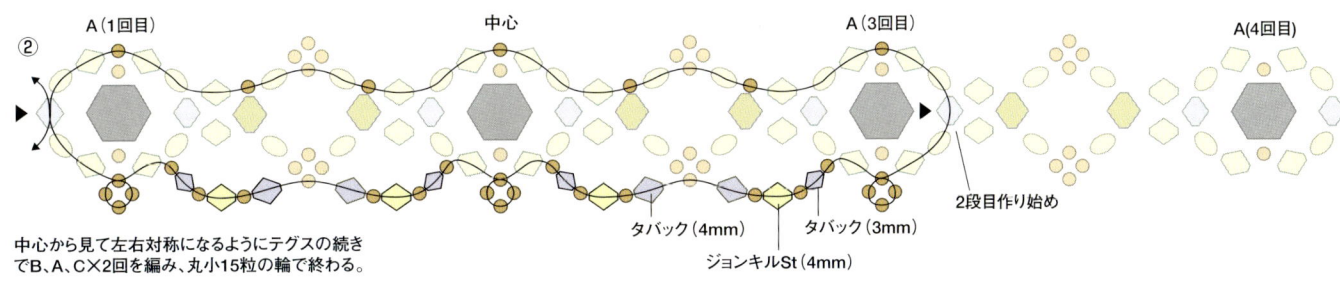

② A（1回目）　中心　A（3回目）　A（4回目）

2段目作り始め

タバック（4mm）　タバック（3mm）

ジョンキルSt（4mm）

中心から見て左右対称になるようにテグスの続きでB、A、C×2回を編み、丸小15粒の輪で終わる。

夏の定番天然石・ターコイズも、
ブロンズと合わせると、
オールシーズン使えるジュエリーに

リング「ターコイズ」

●作り方ポイント

ベネチアンのまわりに何度もテグスを重ねる
ときに、拾うビーズをまちがえないように、
よく図を見ましょう。テグスを1回1回きちん
と引き締めると、モチーフがきれいに仕上が
ります。

●コーディネイト

テーマは「大人のバカンス」。ジーンズやシ
ャツなど、いつものカジュアルな装いに、こ
のリングをプラスするだけで異国の匂いがプ
ラスされます。日焼けした肌も、白い肌も美
しく見せます。

TIME	LEVEL	TASTE
60分	★★☆	ゴージャス＋エレガント

ブロンズ×紫は、
私が思いついた大人のカジュアルカラー。
自慢の組み合わせです。

ピアス「ターコイズ」
ラリエット「ターコイズ」

●作り方ポイント

ラリエットの丸小部分を通すのには、少し根気が必要かもしれません。ワイヤーの先端でトレイに出したビーズをすくうように通すと、楽に通すことができます。最初と最後のつぶし玉はしっかりつぶしましょう。

●COORDINATE

いかにもエスニック風ではなく、ふつうのTシャツやカットソー、ニットに合わせるのが大人のバカンスカジュアルです。ラリエットは胸元に長くたらしたり、短く結んだり、スカーフに合わせるなど、さまざまな使い方ができます。

ラリエット

TIME	LEVEL	TASTE
120分	★☆☆	ゴージャス＋エレガント

リング「ターコイズ」(p40)

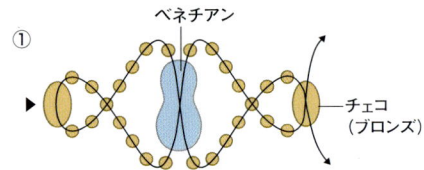

① ベネチアン / チェコ（ブロンズ）

●材料

スワロ5301	ターコイズ	4mm	6粒
スワロ5301	ペリドットst	4mm	2粒
チェコ	ブロンズ	4mm	8粒
ベネチアン	ターコイズ	10×6mm	1粒
丸小3カット	ブロンズ（TOHO CR221）		118粒
2号テグス		80cm	1本

●作り方

1 テグスの中心にチェコを通し、図1のように編む。

2 テグスに丸小2粒、スワロ（ターコイズ）、丸小3粒を通し、スワロ（ペリドット）、ベネチアン、スワロ（ペリドット）の3粒で交差。対象となるように丸小とスワロを通し、最初のチェコで交差させる。丸小2粒、スワロ（ターコイズ）を拾ってチェコを加え、スワロ（ターコイズ）、丸小2粒を拾い、チェコで交差（図2）。

3 両方のテグスに丸小7粒、チェコ、丸小7粒を加え、作り始めのチェコで交差。

4 図2で加えた丸小2粒を拾い、6粒加えてスワロ（ターコイズ）で交差し、図4のようにリング部分を通す。

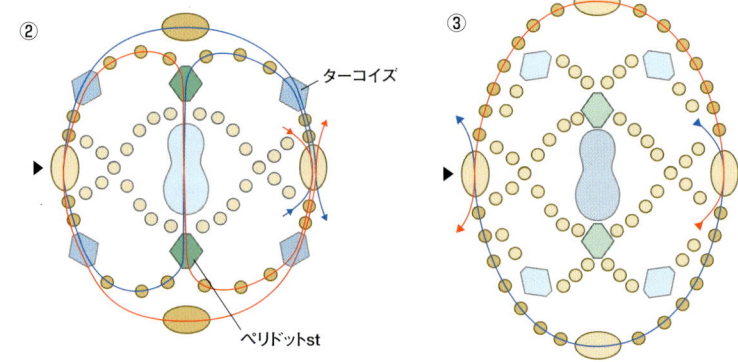

② ターコイズ / ペリドットst

③

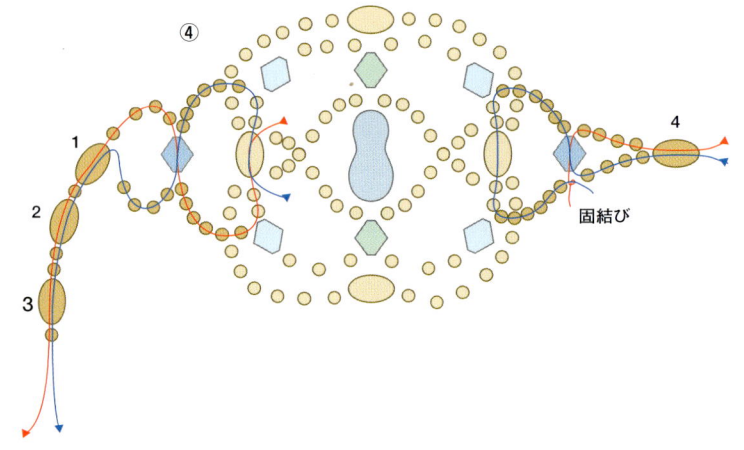

④ 固結び

42

ピアス、ラリエット「ターコイズ」(p41)

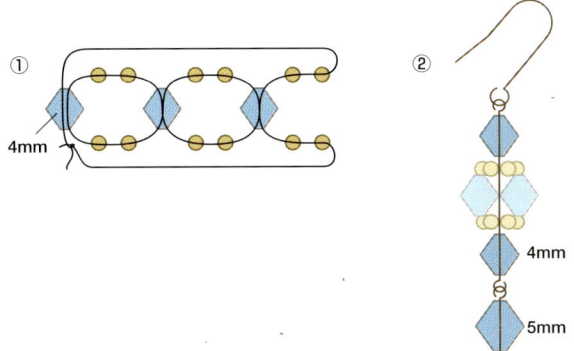

① 4mm

② 4mm 5mm

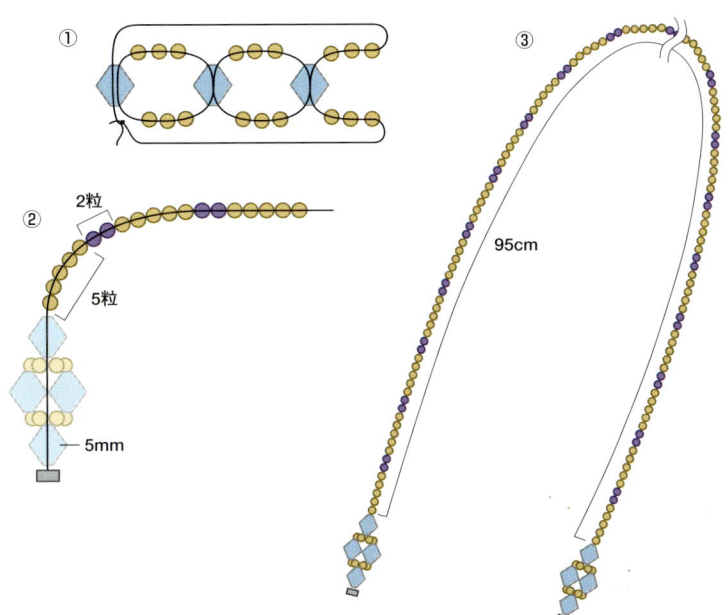

① ② 2粒 5粒 5mm

③ 95cm

●材料（ピアス）

スワロ5301	ターコイズ	4mm	10粒
スワロ5301	ターコイズ	5mm	2粒
丸小3カット	ブロンズ（TOHO CR221）		24粒
Tピン、9ピン	ブラック		各2本
ピアス用金具	ブラック		1組
2号テグス		40cm	2本

●作り方

1 図のようにスワロと丸小を編み、テグスを固結びしたパーツを2個作る。

2 9ピンにスワロ（4mm）と1を通したものと、Tピンにスワロ（5mm）を通したものをつなぎ、ピアス用金具をつける。

●材料（ラリエット）

スワロ5301	ターコイズ	4mm	6粒
スワロ5301	ターコイズ	5mm	4粒
丸小3カット	ブロンズ（TOHO CR221）		464粒
丸小	紫（TOHO85）		182粒
2号テグス		40cm	2本
ナイロンコートワイヤー		1.1m	1本
つぶし玉			2個

●作り方

1 ピアスと同様にパーツ2個を作る。

2 ワイヤーの先端につぶし玉を通してつぶし（P82）、スワロ（5mm）、1、スワロ（5mm）を通して丸小を通す。

3 丸小を通し終えたらスワロ（5mm）、1、スワロ（5mm）とつぶし玉を通し、つぶし玉をつぶす。

大小組み合わせたお花モチーフが、
パッと視線をひきつけます。
ふだんから出番の多いお気に入り。

ネックレス、ピアス「ペルー」

●作り方ポイント
スワロの色の順番と、テグスを9ピンパーツに通
す場所をまちがえないように気をつけましょう。
モチーフとモチーフをつなぐときのテグスの引き
締めはしっかりと。

●コーディネイト
モチーフが縦長なので、肩や胸元を少し見せるよ
うな服にぴったりです。きちっとしたスーツに合
わせても、さりげない女性らしさを演出できそう。

ピアス「ペルー」

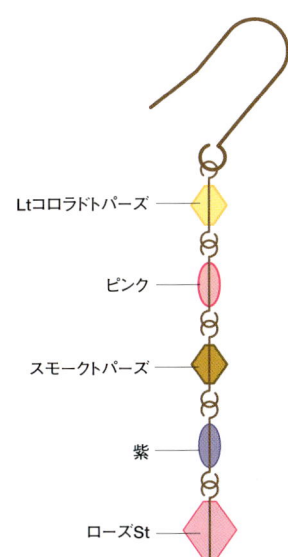

Ltコロラドトパーズ

ピンク

スモークトパーズ

紫

ローズSt

●作り方
9ピンにスワロ、キャッツアイを
それぞれ通して丸め、Tピンにスワ
ロ（ローズSt）を通したものを、図
のようにつなぐ。ピアス用金具を
つける。

●材料

スワロ5301	ローズSt	6mm	2粒
スワロ5301	Ltコロラドトパーズ	4mm	2粒
スワロ5301	スモークトパーズ	4mm	2粒
キャッツアイ	ピンク	6×4mm	2粒
キャッツアイ	紫	6×4mm	2粒
9ピン	銅フルビ		8本
Tピン	銅フルビ		2本
ピアス用金具	銅フルビ		1組

TIME
30分

LEVEL
★☆☆

TASTE
スウィート
＋
アンティーク

ネックレス「ペルー」 (p44)

●材料

スワロ5301	ローズSt	4mm	7粒
スワロ5301	ローズSt	6mm	1粒
スワロ5301	Ltコロラドトパーズ	4mm	6粒
スワロ5301	スモークトパーズ	4mm	7粒
キャッツアイ	ピンク	6×4mm	5粒
キャッツアイ	紫	6×4mm	5粒
キャッツアイ	黒	6×4mm	3粒
ベネチアングラス	スプリンクル	6mm	2粒
丸小	ピンク		33粒
丸小	ブロンズ(TOHO221)		23粒
9ピン	銅フルビ		5本
チェーン	銅フルビ	15cm・4cm	各2本
Cカン	銅フルビ		2個
アジャスター・カニカン	銅フルビ		各1個
2号テグス		60cm	2本

●作り方

1 図1のように5角形のモチーフA、6角形のモチーフBをそれぞれ編み、テグスを結ばずにおいておく。

2 図2のように、パーツa、cを各1個、bを2個作る。

3 図3のように、モチーフBのテグスにスワロ、丸小、パーツcを通して輪にし、モチーフAの外側のスワロ1粒を拾って固結びにする。同様にモチーフAのテグスにスワロ、丸小、パーツaを通して輪にし、テグスを固結びする。

4 3のペンダントヘッドを、チェーンにつなぐ。図4のようにチェーンを9ピンパーツでつなぐ。先端にとめ具をつける。

① モチーフA　　　モチーフB

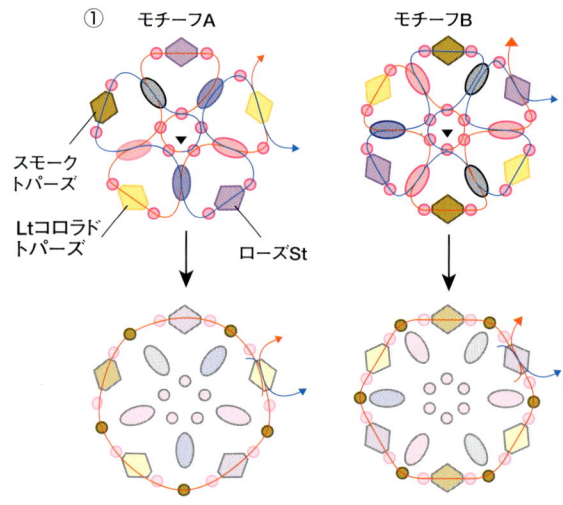

スモーク
トパーズ
Ltコロラド
トパーズ　　　　　ローズSt

② 　　　a

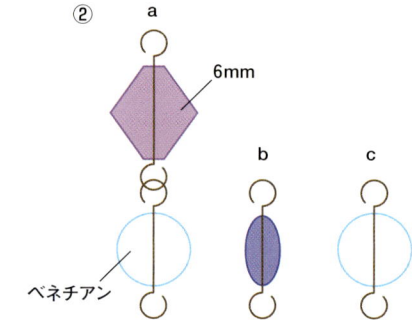

6mm

b　　　c

ベネチアン

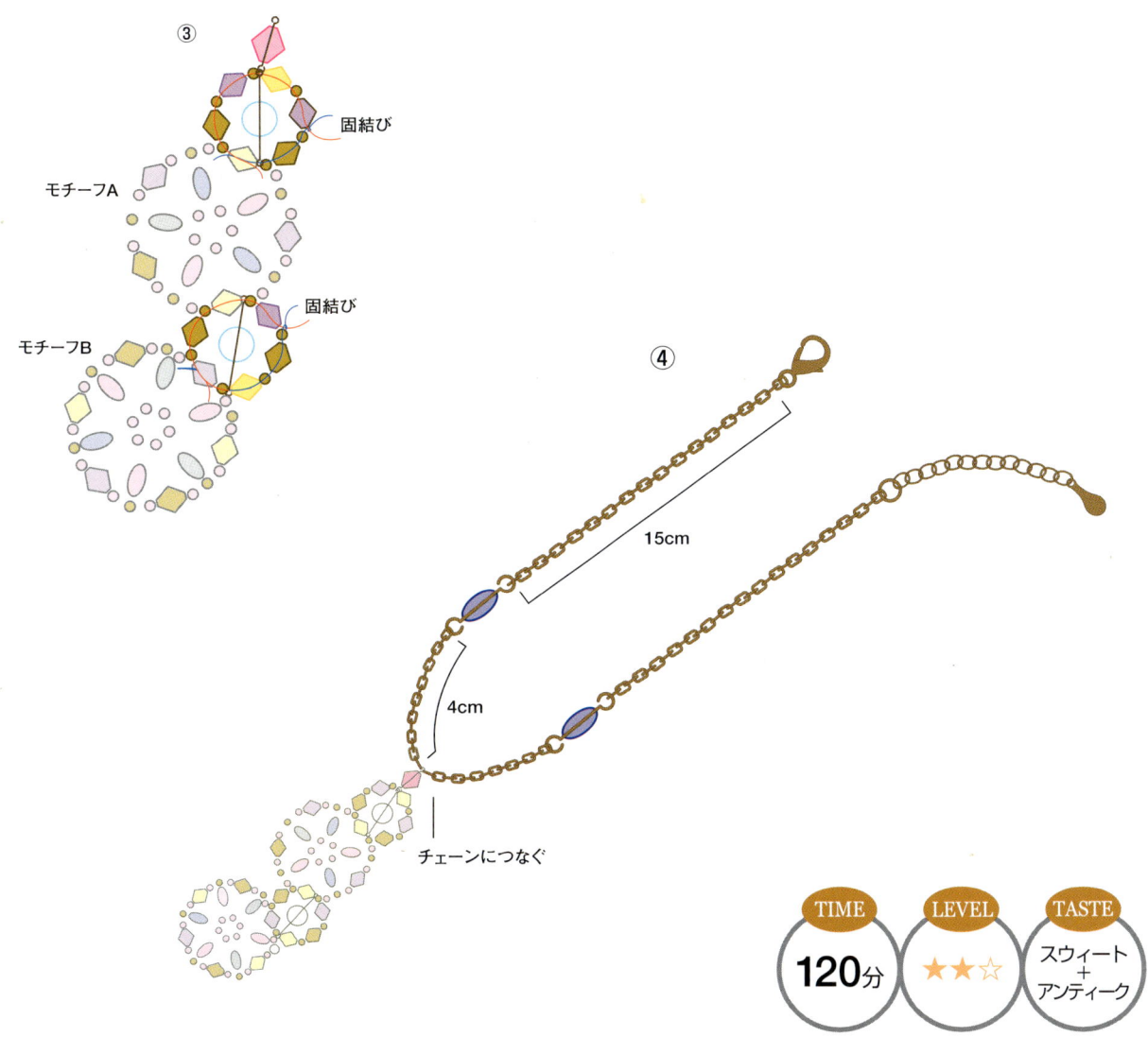

③

モチーフA

固結び

モチーフB

固結び

④

15cm

4cm

チェーンにつなぐ

TIME	LEVEL	TASTE
120分	★★☆	スウィート ＋ アンティーク

女性に愛される
フラワーモチーフをゴールドと合わせて、
大人のキュートを目指します

●作り方ポイント
ネックレスのモチーフは、チェコを表と裏で
共有して編みます。ブレスレットは、ブレス
レット部分を編み始めるテグスの位置（丸小）
がややわかりにくいので、確かめてから編み
始めましょう。

●コーディネイト
スウィートなピンクのスワロや、チェコとピ
ンクゴールドは、白いコットンブラウスやシ
ャツにいちばん映えるでしょう。ネックレス
は革ひもではなくてゴールドチェーンにする
と、少しあらたまった印象に。

TIME	LEVEL	TASTE
60分	★★☆	アンティーク ＋ ロマンティック

ネックレス、ブレスレット「プチフラワー」

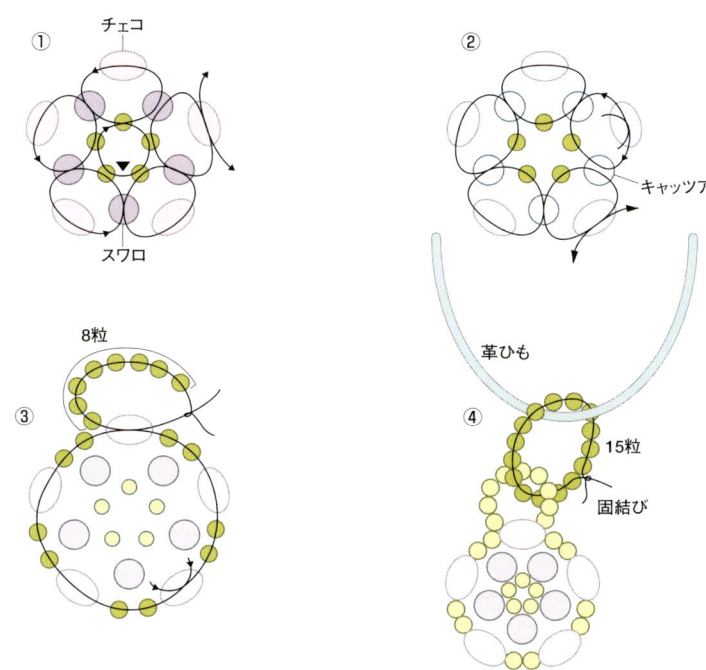

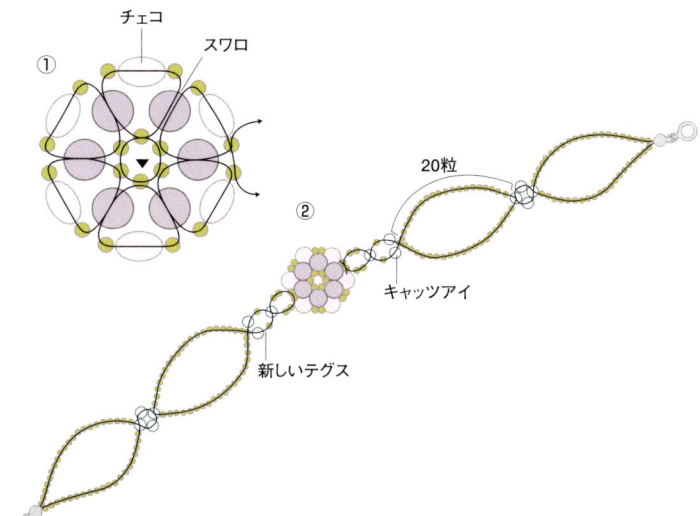

●材料（ネックレス）

スワロ5000	Ltローズ AB	4mm	5粒
チェコ	ローズ AB マット	4mm	5粒
キャッツアイ	白	4mm	5粒
丸小	金（TOHO551）		43粒
革紐	白	38cm	1本
カシメ、Cカン	シルバー		各2個
アジャスター・カニカン	シルバー		各1個
テグス2号		60cm	1本
テグス2号		20cm	1本

●作り方

1 図1のように60cmのテグスで5角形モチーフを編む。

2 1を裏返し、外側のチェコを共有しながら裏側を編む（図2）。

3 外側のチェコを拾いながら丸小2粒ずつ間に通し、丸小8粒の輪を作ってテグスを固結びにする（図3）。

4 20cmのテグスで丸小15粒の輪を作り、3の輪に通して固結びにする。革ひもを通す（革ひもの処理はP83）。

●材料（ブレスレット）

スワロ5000	Ltローズ AB	4mm	6粒
チェコ	ローズ AB マット	4mm	6粒
キャッツアイ	白	4mm	14粒
丸小	金（TOHO551）		190粒
ニューホック	シルバー		1組
ボールチップ、捨てビーズ	シルバー		各2個
2号テグス		60cm	1本
2号テグス		40cm	1本

●作り方

1 60cmのテグスで図のように6角形モチーフを編む（図1）。

2 1の続きでブレスレット部分を編み、両端をボールチップで処理して（P82参照）ニューホックにつなぐ（図2）。

3 40cmのテグスで、1のモチーフの丸小2粒を拾う。2と同様にブレスレット部分を編み、テグスの両端をボールチップで処理し、ニューホックにつなぐ。

ノスタルジックカラーの石を重ねて、チェーンでまとめる。アンティークテイストのネックレスです

●作り方ポイント

複雑そうに見えても、順を追って編んでいくと簡単です。途中で、チェーンの輪をテグスに通す場所をまちがえないように。真ん中のチェコには何度もテグスが通るので、穴がきちんと空いているものを選びましょう。

●コーディネイト

私の大好きなハニーストーンを基調に、肌になじむやさしい色なので、どんなファッションにも似合います。胸元に下がるチェーンのフリンジがかわいいので、プレーンなニットやカットソーと合わせて。

TIME 60分

LEVEL ★★☆

TASTE スウィート＋アンティーク

ネックレス「ノスタルジー」

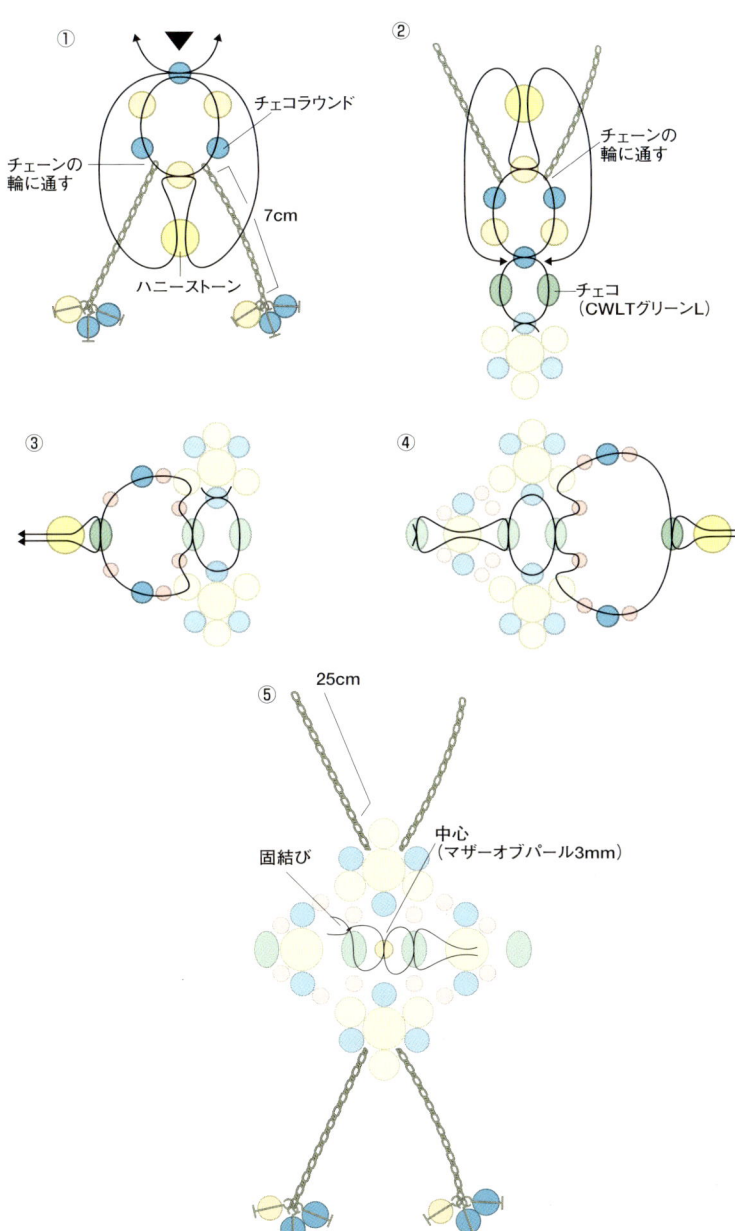

① チェコラウンド
チェーンの輪に通す
7cm
ハニーストーン

② チェーンの輪に通す
チェコ（CWLTグリーンL）

③

④

⑤ 25cm
固結び
中心（マザーオブパール3mm）

● 材料（ネックレス）

ハニーストーン		6mm	4粒
マザーオブパール		3mm	1粒
マザーオブパール		4mm	8粒
チェコ	CWLTグリーンL	4mm	4粒
チェコラウンド	オリーブLOP	4mm	14粒
丸小	金（TOHO551）		12粒
チェーン	金フルビ	25cm・7cm	各2本
Tピン	金フルビ		6本
2号テグス		1.1m	1本
Cカン	金フルビ		2個
アジャスター・カニカン	金フルビ		各1個

● 作り方

1 テグスの中心にチェコラウンドを通し、左右にマザーオブパール（4mm）、チェコラウンド、チェーンパーツをそれぞれ通し、マザーオブパール（4mm）で交差させる。テグス2本をそろえてハニーストーンに通し、最初のチェコで交差させる（図1）。

2 テグスの両方にチェコ（CWLTグリーンL）を通し、チェコラウンドで交差。1と同様に、合間にネックレス用チェーンの輪を通しながら編む。

3 図3のように、1、2で通したマザーオブパールを拾い、丸小とチェコラウンドを通し、チェコ（CWLTグリーンL）で交差。テグス2本をそろえてハニーストーンに通す。

4 ハニーストーンを上にのせるように編み戻し、モチーフの右側も3と同様に編む。

5 図のようにモチーフ中心のマザーオブパール（3mm）を通し、テグスを固結びにする。チェーンの両端にとめ具をつける。

51

風に揺れるロングチェーンピアスと、
リングのおそろい。
ひと組は欲しいアンティークのセット

●作り方ポイント

リングは2で丸小を重ねて6mmのハニーストーンを通すときに、テグスを引き締めて立体感を出しましょう。マザーオブパール、チェコ、チェコラウンドの配置も図の通りに。ピアスは作り方がシンプルな分、Tピンパーツの先をきちんと丸めるなどていねいに。

●コーディネイト

使っているビーズのどれかと同系色か、ベージュや白などの洋服に似合います。ピアスのチェーンはこのくらい長さがあったほうがかわいいと思うのですが、好みで調節してもいいでしょう。どちらもP50のネックレスとおそろいです。

TIME	LEVEL	TASTE
40分	★★☆	スウィート＋エレガント

ピアス、リング「ノスタルジー」

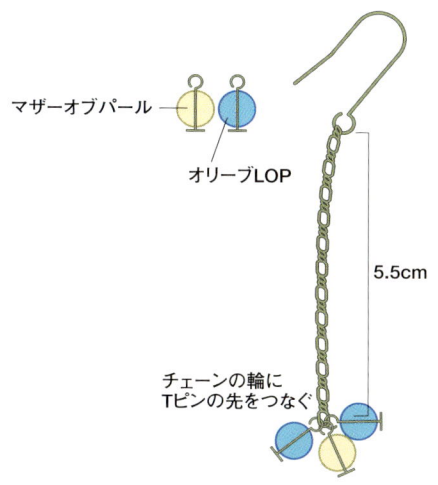

マザーオブパール

オリーブLOP

5.5cm

チェーンの輪に
Tピンの先をつなぐ

●材料（ピアス）

マザーオブパール		4mm	2粒
チェコラウンド	オリーブLOP	4mm	4粒
チェーン	金フルビ	5.5cm	2本
Tピン	金フルビ		6本
ピアス	金フルビ		1組

●作り方

1 Tピンにマザーオブパールを通して丸めたもの2個、オリーブLOPを通して丸めたもの4個を作る。
2 チェーンの先端の輪に1をつなぎ、ピアス用金具をつける。

●材料（リング）

ハニーストーン		6mm	1粒
マザーオブパール		4mm	3粒
チェコ	CWLTグリーンL	4mm	4粒
チェコラウンド	オリーブLOP	4mm	5粒
丸小	金（TOHO551）		80粒
2号テグス		80cm	1本

●作り方

1 図1のように編む。
2 両方のテグスに丸小を2粒ずつ通して1粒で交差、さらに2粒ずつ通して、1で編んだチェコラウンドで交差する。テグスを2本一緒にハニーストーンに通し、1のマザーオブパールで交差する。さらに、右側と同様に丸小を交差させ、チェコラウンドで交差させる。
3 2の続きでリング部分を編む。丸小の8の字編みを7回くり返したら、図のようにテグスを固結びにする。

オリーブLOP　　マザーオブパール

①

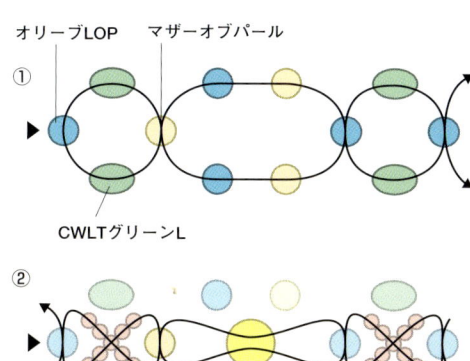

CWLTグリーンL

②

③

固結び

大流行のすかしパーツを使った、
ゴージャスなネックレス。
びっくりするほど簡単にできます。

ネックレス「ノーブル」
ピアス「ノーブル」

●作り方ポイント

すかしパーツの中心に、モチーフを結び
つけるのがポイントです。ずれるとつな
いだときに美しく見えません。テグスが
すかしパーツからはみ出ないように、し
っかり両端を始末することも大切。

●コーディネイト

多くの方にほめられた、会心の色づかい
です。どこか少女っぽい雰囲気を残した
服装に似合うでしょう。もちろんパーテ
ィーのときのワンピースやドレスにも。

TIME
60分

LEVEL
★★☆

TASTE
アンティーク
＋
エレガント

54

パーツとモチーフの色を変える、
それだけでこんなに雰囲気が変わります。

作品だけ見るとコーディネイトが難しい印象がありますが、こんなふうに普段着に合わせても違和感のない作品です。いろいろな種類の出ているアクセサリー用すかしパーツは、私も常に注目しています。

ネックレス「ノーブル」 (p54、55)

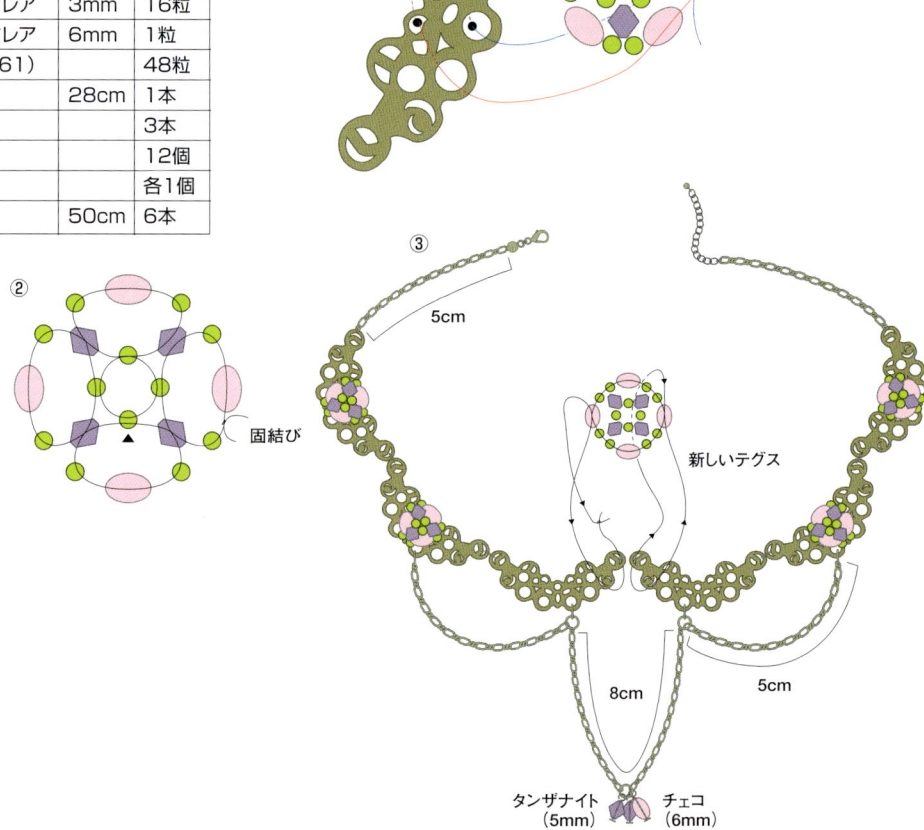

●材料

	ゴールド	シルバー		
すかしパーツ	金フルビ	シルバー		6個
スワロ5301	タンザナイト	モンタナ	4mm	16粒
スワロ5301	タンザナイト	モンタナ	5mm	2粒
チェコ	ローズマット	クリスタルマレア	3mm	16粒
チェコ	ローズマット	クリスタルマレア	6mm	1粒
丸小	緑(広島124)	白(TOHO261)		48粒
チェーン	金フルビ	シルバー	28cm	1本
Tピン	金フルビ	シルバー		3本
Cカン	金フルビ	シルバー		12個
アジャスター・カニカン	金フルビ	シルバー		各1個
2号テグス			50cm	6本

●作り方

1 図1のように三角形モチーフを作り、すかしパーツに結びつける。※すかしパーツの形や穴の場所は多少ちがうことがあるので、図は目安にして中心につける。

2 四角形モチーフを作ってテグスを固結びする。新しいテグスですかしパーツ2個に結びつける

3 1、2とチェーン、TピンパーツをCカンでつなぎ、とめ具をつける。

56

ピアス「ノーブル」(p54、55)

①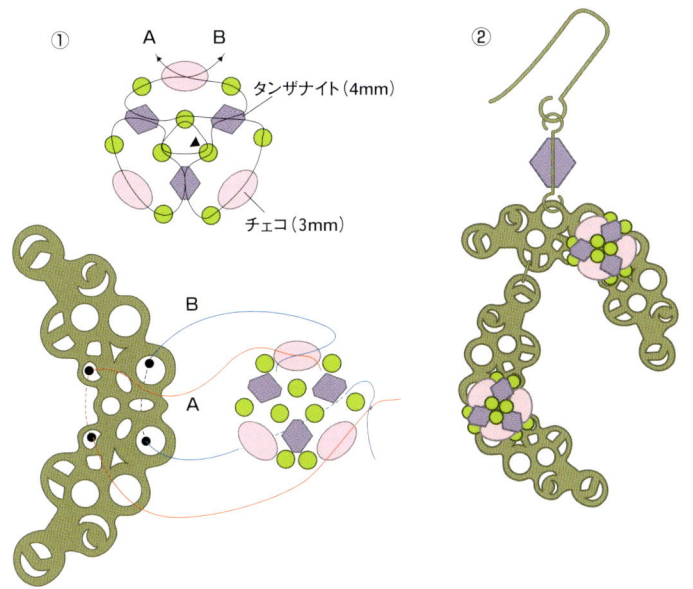

A　B

タンザナイト（4mm）

チェコ（3mm）

B

A

②

タンザナイト（4mm）

チェコ（3mm）

①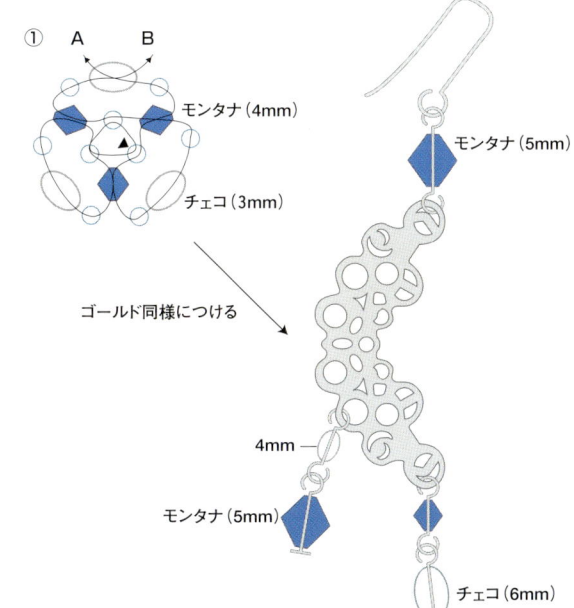

A　B

モンタナ（4mm）

チェコ（3mm）

ゴールド同様につける

モンタナ（5mm）

4mm

モンタナ（5mm）

チェコ（6mm）

●材料（ゴールド）

すかしパーツ	金フルビ		4個
スワロ5301	タンザナイト	4mm	12粒
スワロ5301	タンザナイト	5mm	2粒
チェコ	ローズマット	3mm	12粒
丸小	緑（広島124）		36粒
ピアス用金具	金フルビ		1組
2号テグス		50cm	4本
9ピン、Cカン			各2個

●作り方

1 ネックレス同様、三角形モチーフ4個を作り、すかしパーツに結びつける。

2 図2のように1をCカンでつなぎ、9ピンパーツでピアス用金具につなぐ。

●材料（シルバー）

すかしパーツ	シルバー		2個
スワロ5301	モンタナ	4mm	8粒
スワロ5301	モンタナ	5mm	4粒
チェコ	クリスタルマレア	3mm	6粒
チェコ	クリスタルマレア	4mm	2粒
チェコ	クリスタルマレア	6mm	2粒
丸小	白（TOHO261）		18粒
ピアス用金具	シルバー		1組
9ピン	シルバー		6本
Tピン	シルバー		4本
テグス2号		50cm	2本

●作り方

1 ネックレス同様、三角形モチーフを2個作り、すかしパーツに結ぶ。

2 1にTピンパーツ、9ピンパーツをつけ、ピアス用金具につなぐ。

シャンパンの泡のような、
パールボールがアクセントの3点セット。
華やかなセレブを演出

ラリエット「シャンパン」

●作り方ポイント

パールにほこりなどが詰まっていることがあるので、ピンなどで掃除をしてから作り始めましょう。丸小は糸に通したものを買って、テグスに移すように通すと楽に通せます。

●コーディネイト

ノースリーブのワンピースから、タートルネックのニットまで、季節を問わず使えるラリエットです。短く結ぶとかわいく、長くたらすとたちまち大人っぽい雰囲気に。

ラリエット

TIME	LEVEL	TASTE
120分	★☆☆	ゴージャス＋シック

ブレスレット「シャンパン」

●作り方ポイント

「ラリエットは自信がなくて」と思う方はブレスレットからチャレンジしてみましょう。パールボールの位置さえまちがえなければ、拍子抜けするほど簡単に作れます。

●コーディネイト

腕時計や指輪などもゴールドで統一すれば、手首のまわりもゴージャスに。手持ちのパールアクセサリーと組み合わせてもいいし、使いまわしの効くブレスレットです。

ピアス「シャンパン」

●作り方ポイント

パールボールを編むときに、一緒にチェーンもテグスに通して編みます。この位置さえまちがえなければ、ほとんど完成したも同然。

●コーディネイト

ラリエットやブレスレットとおそろいでつけてもいいし、単品でもインパクトを残せるピアス。他の天然石を使って作っても、また印象の違うオリジナル作品になるでしょう。

59

ラリエット「シャンパン」(p58)

●材料（ラリエット）

パール	白	4mm	86粒
丸小	ブロンズ（TOHO221）		約670粒
2号テグス		1.3m	1本
2号テグス		1.2m	2本

●作り方

1 1.3mのテグスでパールボールの部分を先に編む。テグスは作りやすい長さで作り、足りなくなったらつぎ足して作る。

2 図3のように1.2mのテグス2本どりで先端のパールボールから作り、1につなぐ。反対側も同様に作る。

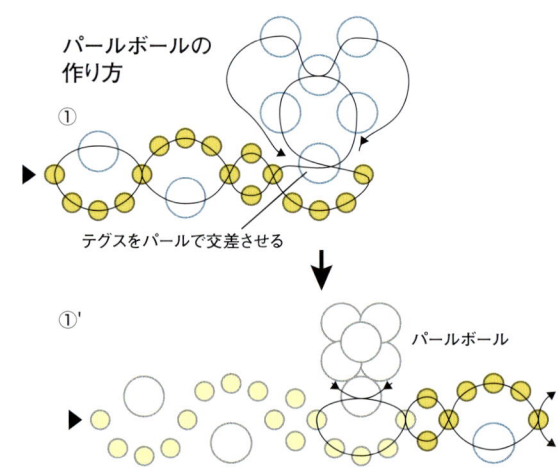

パールボールの作り方

① テグスをパールで交差させる

①' パールボール

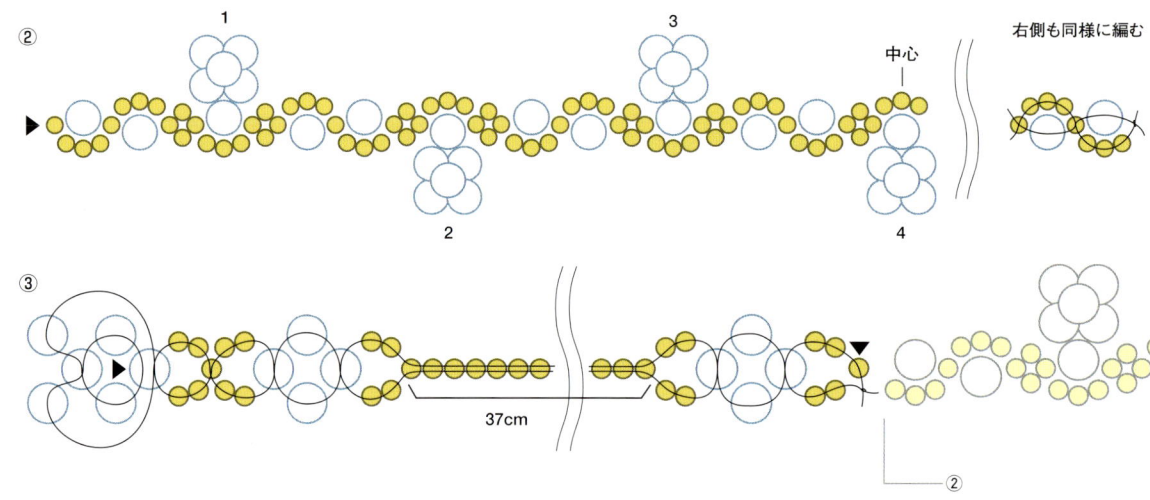

② 1　3　中心　右側も同様に編む

2　4

③ 37cm　②

ブレスレット、ピアス「シャンパン」(p59)

●作り方

テグスをボールチップで処理して（P82参照）テグス2本取りで編み始める。ラリエットの1と同じようにパールボールを編み、テグスの端をボールチップで処理する。

●材料（ブレスレット）

パール	白	4mm	44粒
丸小	ブロンズ（TOHO221）		125粒
テグス2号		中心	1.3m
ボールチップ、捨てビーズ	銅フルビ		各2個
ニューホック	銅フルビ		1個

中心

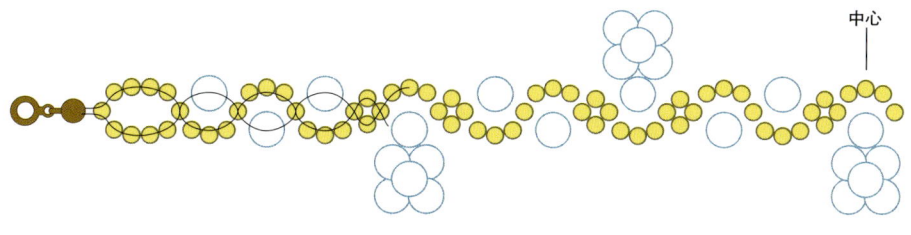

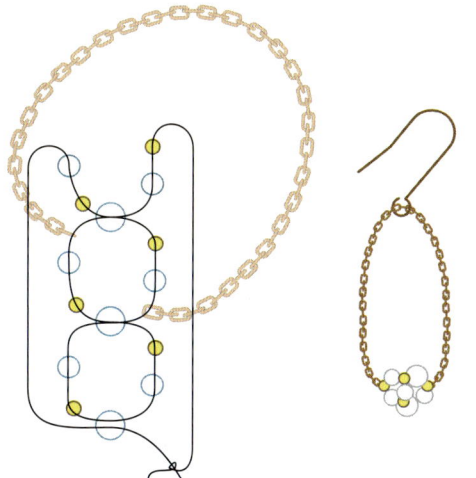

●材料（ピアス）

パール	白	3mm	12粒
パール	白	4mm	6粒
丸小	ブロンズ（TOHO221）		12粒
テグス2号		30cm	2本
チェーン	銅フルビ	6cm	2本
ピアス用金具	銅フルビ		1組

●作り方

1 図1のように、途中でチェーンの輪をテグスに通しながら、パールボールを編む。

2 1のチェーンをピアス用金具につなぐ。

世界にたったひとつしかない
手作りのウェディングジュエリー

私は自分の結婚式のときに、手作りのクラウンとネックレスを身につけました。一生に一度の晴れの日のために、何日もかけてウェディングジュエリーを仕上げる。こんなに胸がわくわくすることはありませんでした。

ご自分の結婚式を控えている方、親戚やお友達の結婚式に何かプレゼントしてあげたい方はぜひ、このレシピを参照して作って欲しいと思います。

ウェディングジュエリーの定番は、なんといってもパールです。純白のウェディングドレスに合わせて、大小のパールをゴージャスに使いました。ドレスがピンクならピンクパール、オフホワイトならベージュパール、というふうに色をアレンジしてもいいかもしれません。

ハートのヘアコーム (p62)

●作り方ポイント

大小のハート1枚1枚をていねいに作ることが大切です。最後にすべてを座金にまとめてコームに結ぶときに、ワイヤーの先をしっかり隠して飛び出さないようにします。

●コーディネイト

まとめ髪にあしらうなど、後ろ姿のポイントになるコームです。ハートを小さめに、別のビーズで作ればふだん使いにも。ウェディング以外では、着物に合わせてもかわいいでしょう。

●材料

パール	白	2.5mm	10粒
パール	白	3mm	120粒
パール	白	4mm	110粒
パール	白	5mm	2粒
パール	白	6mm	2粒
丸小	シルバー(TOHO21)		223粒
ワイヤー	シルバー31	1m	2本
座金	シルバー		1個
コーム	シルバー		1個
2号テグス		30cm	1本

ハート大

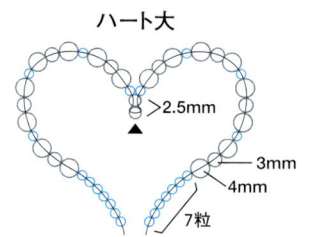

ハート小

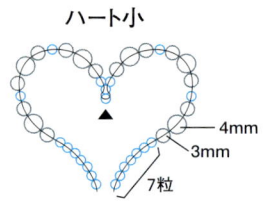

●作り方

1 ワイヤーの中心に大きいハートを1個作る。ワイヤーを座金の裏から表に通し、座金の隣の穴の表から裏側に通し、2個目の大きいハートを作る。同様にあと3個大きいハートを作り、ワイヤーをねじる。

2 新たなワイヤーの中心に小さいハートを1個作る。ワイヤーを座金の表から裏に通し、座金の隣の穴の裏から表に通し、2個目の小さいハートを作る。同様にあと3個小さいハートを作り、ワイヤーをねじる。1の大きなハートと座金の穴が互いちがいになるように。

3 図3のように、20cmのテグスそれぞれにパールと丸小を通し、座金の中心を通ってコームに固結びする。余りのテグスをコームにからませて何度か固結びすると安心。1、2のワイヤーの余りも座金の裏側に通し、コームに巻きつけて固定する。

64

パールとクリスタルのクラウン (p63)

(p63)

●作り方ポイント
大小さまざまなパールを使っているので、図の通りに注意深く通しましょう。最後にロンデルでまとめるときに、形を整えながら作業を進めると仕上がりがきれいです。

●コーディネイト
本体にヘアゴムを通しておき、ピンで髪につけます。小さめのクラウンなので、頭のてっぺんより少し前（おでこの少し上あたり）につけると、かわいい花嫁さんになります。

●材料

スワロ5301	クリスタル	4mm	15粒
スワロ5301	クリスタルAB	5mm	12粒
スワロ5000	クリスタルAB	8mm	1粒
パール	白	3mm	72粒
パール	白	4mm	21粒
パール	白	5mm	12粒
パール	白	6mm	3粒
チェコ	クリスタル	4mm	18粒
チェコ	白	3mm	13粒
キャッツアイ	白	4mm	12粒
丸小	白（TOHO122）		474粒
丸小	シルバー（TOHO21）		109粒
ワイヤー#28		1m	1本
ワイヤー#28		60cm	3本
ロンデル		7mm	1個
ラインストーン		5mm	3個
中に入れるパール		5mm	1個
3号テグス		50cm	1本
3号テグス		20cm	1本

●作り方
1 クラウンの台になる部分を1mのワイヤーで編み、最初のチェコで交差させて輪にし、ワイヤーをねじり、短く切る（図1）。

2 図2のように60cmのワイヤーでA'のパール3粒を拾ってビーズを通す。Aのパールを1粒ずつ拾い、ワイヤーをねじって短く切る。BとB'、CとC'も同様。

3 70cmのテグスでモチーフを作る。テグスを絞る前に7mmパールを中に入れて形を整え、固結びする。

4 20cmのテグスに丸小を通し、2本一緒にスワロ8mm、ロンデル、図3の★の空間、中心に入れたパール7mmを通す。図2の丸小3粒の部分3ヵ所を束ねてテグスを固結びする。

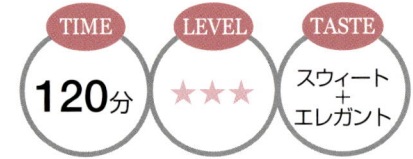

TIME	LEVEL	TASTE
120分	★★★	スウィート＋エレガント

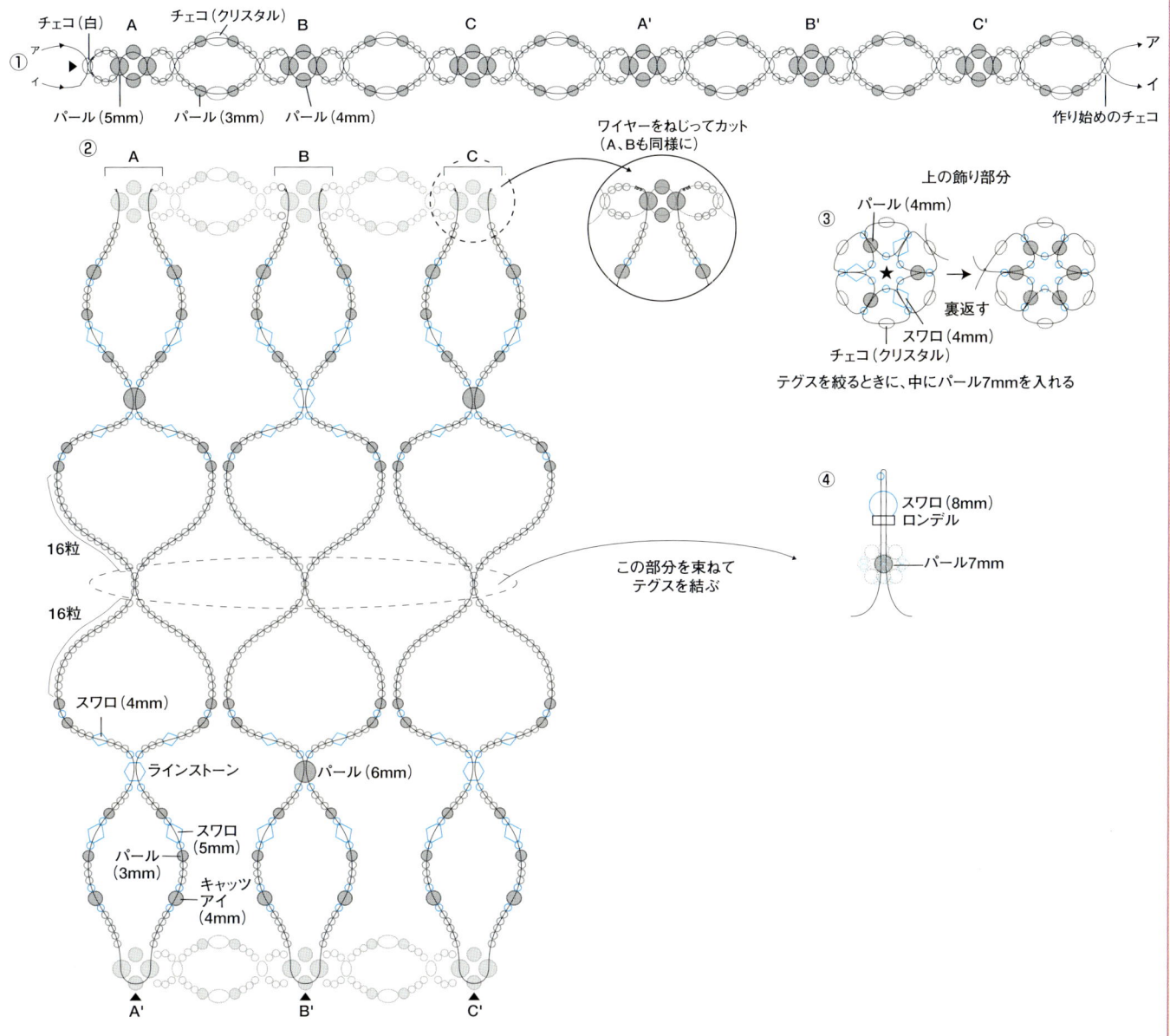

① チェコ（白）　A　チェコ（クリスタル）　B　C　A'　B'　C'　ア　イ

パール（5mm）　パール（3mm）　パール（4mm）　作り始めのチェコ

② A　B　C

ワイヤーをねじってカット（A、Bも同様に）

上の飾り部分

③ パール（4mm）
裏返す
スワロ（4mm）
チェコ（クリスタル）

テグスを絞るときに、中にパール7mmを入れる

16粒

16粒

この部分を束ねてテグスを結ぶ

④ スワロ（8mm）
ロンデル
パール7mm

スワロ（4mm）

ラインストーン　パール（6mm）

スワロ（5mm）
パール（3mm）
キャッツアイ（4mm）

A'　B'　C'

Part. 3

めざしたいのは存在感があるのに上品なジュエリー

大人のキュート＆ゴージャス色使いレッスン

「色づかいはどうすればいいのですか？」と、よく聞かれます。確かに色の組み合わせは無限にあるのに、正解がないので難しいですね。堅苦しく考えずに、まず「この色を使ってみたい」「このパーツを使ってみたい」というものをひとつ決めて、さらに好きな色を足してみてはいかがでしょうか。自分の好きな色同士は、相性がいいことも多いんですよ。「合わないかも」と思うものでも、作ってみるととても新鮮な色づかいになることもあります。いつもはブロンズやゴールドを基調とした作品が多いのですが、この章では他のカラーにチャレンジしています。どの作品も、私らしい作品に仕上がったと思います。

定番のクロスモチーフも、
深く美しいブルーキャッツアイで作れば
存在感のある作品に

ブルーキャッツアイのクロスペンダント＆リング

●作り方ポイント
先端のピコットがよじれると、クロスモチーフがきれいに仕上がらないので、テグスが途中でよじれないように、指先でねじれを直しながら編みましょう。

●コーディネイト
オフィスにも堂々とつけていける、働く女性向けのシャープな作品です。スーツやシャツの胸元から、ちらりとのぞくだけでもインパクトを与えるでしょう。ここぞという勝負日に。

TIME	LEVEL	TASTE
60分	★★☆	クール＋エレガント

ブルーキャッツアイのクロスペンダント _(p69)

● 材料

キャッツアイ	青	4mm	5粒
チェコ	カプリブルーVA	3mm	8粒
チェコ	カプリブルーVA	6mm	1粒
丸小3カット	青		40粒
絞り玉	ブラック	4mm	1粒
丸カン	ブラック	0.5×3	2個
9ピン、Tピン	ブラック		各1本
チェーン	ブラック	20cm	2本
アジャスター・カニカン	ブラック		各1個
2号テグス		80cm	1本

● 作り方

1 図1のようにクロスのモチーフの縦のラインを編む。
※上下の丸小に丸カンを通すので、丸小は大きめのものを選ぶ。

2 左右のテグスで横のラインを編み、テグスを向かい合わせて固結びする。

3 クロスの上下ピコットの丸小に丸カンを通し、チェーンと飾りのピンパーツをつける。

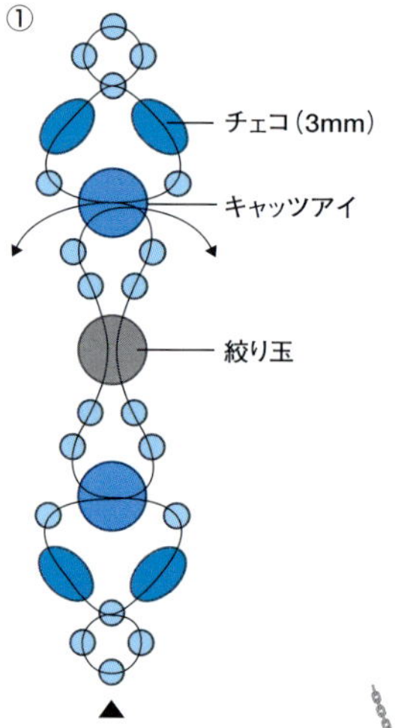

① チェコ(3mm)

キャッツアイ

絞り玉

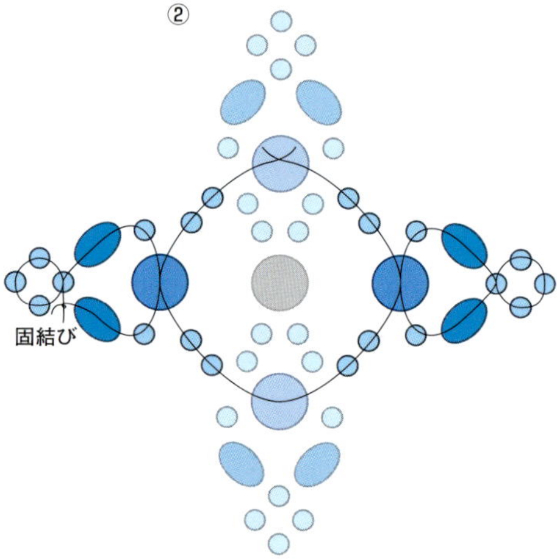

② 固結び

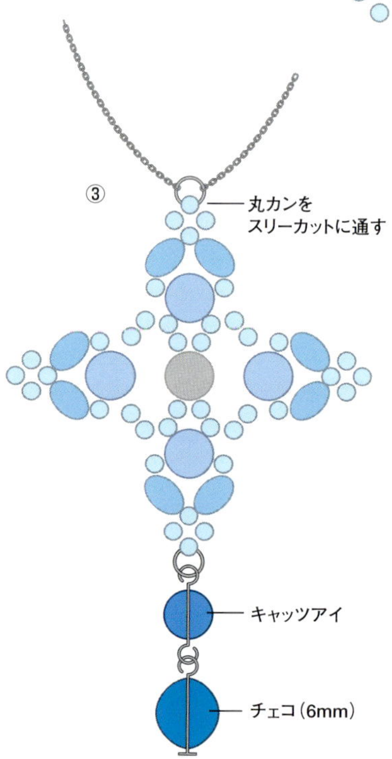

③ 丸カンをスリーカットに通す

キャッツアイ

チェコ(6mm)

ブルーキャッツアイのリング (p69)

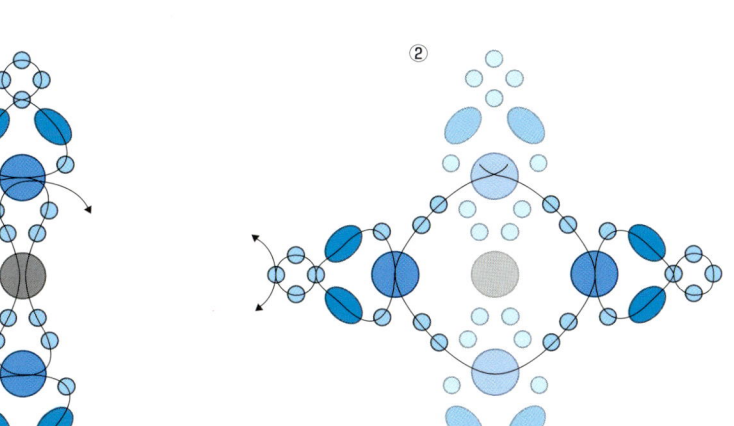

① ②

●材料

キャッツアイ	青	4mm	4粒
チェコ	カプリブルーVA	3mm	18粒
丸小3カット	青		66粒
絞り玉	ブラック	4mm	1粒
2号テグス		90cm	1本

●作り方

1 ネックレスと同じように、クロスの縦のラインを編む。

2 左右のテグスで横のラインを編み、テグスの両端をピコットの丸小で交差させる。

3 リング部分を編み、最後にピコットの丸小を拾って固結びする。

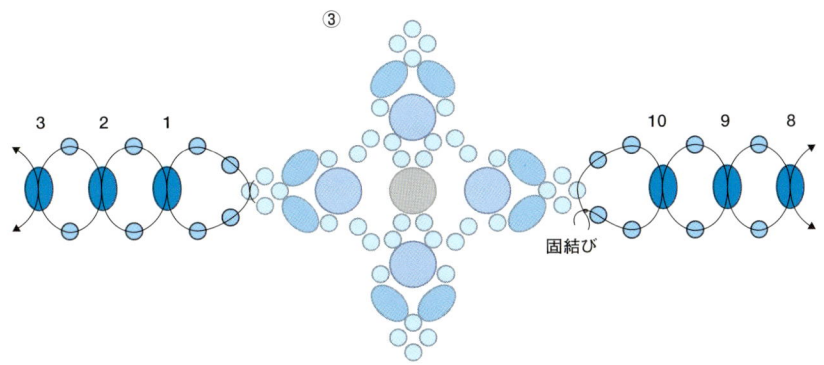

③

3　2　1　　　　　　　　　　10　9　8

固結び

フラワーモチーフの携帯ストラップ

●材料

	ピンク	グリーン		
キャッツアイ	ベージュ	白	4mm	7粒
チェコ	CWアメジストL	ミント（ツートン）	4mm	13粒
丸小	ピンク（TOHO221）	ミントグリーン（TOHO144F）		57粒
ストラップ金具				1個
3号テグス			70cm	1本

①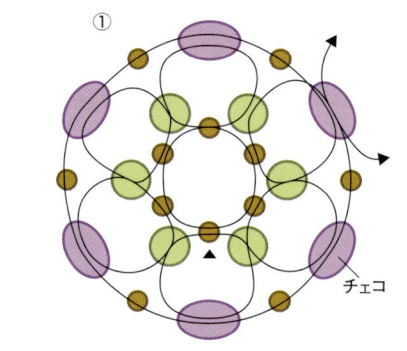

チェコ

② ③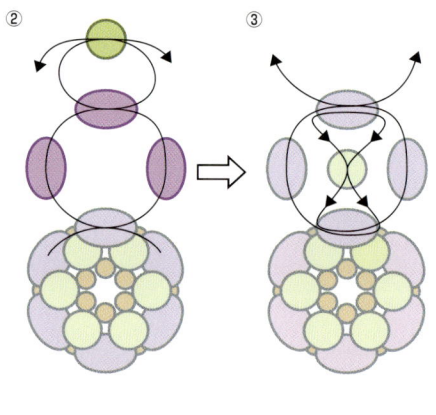

③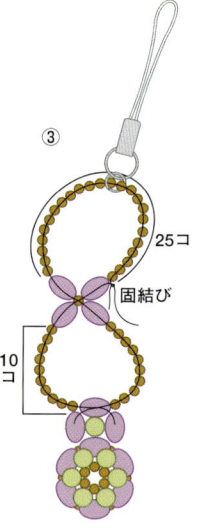

25コ

固結び

10コ

●作り方

1 図1のように、フラワーモチーフを編む。

2 図2のように、フラワーモチーフの上の小さな花を編む。

3 図3のようにストラップ部分のビーズを通してストラップ金具に通し、テグスを向かい合わせて結ぶ。

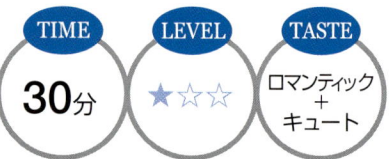

TIME **30分**　LEVEL ★☆☆　TASTE ロマンティック＋キュート

スワロのワイヤーチョーカー2種

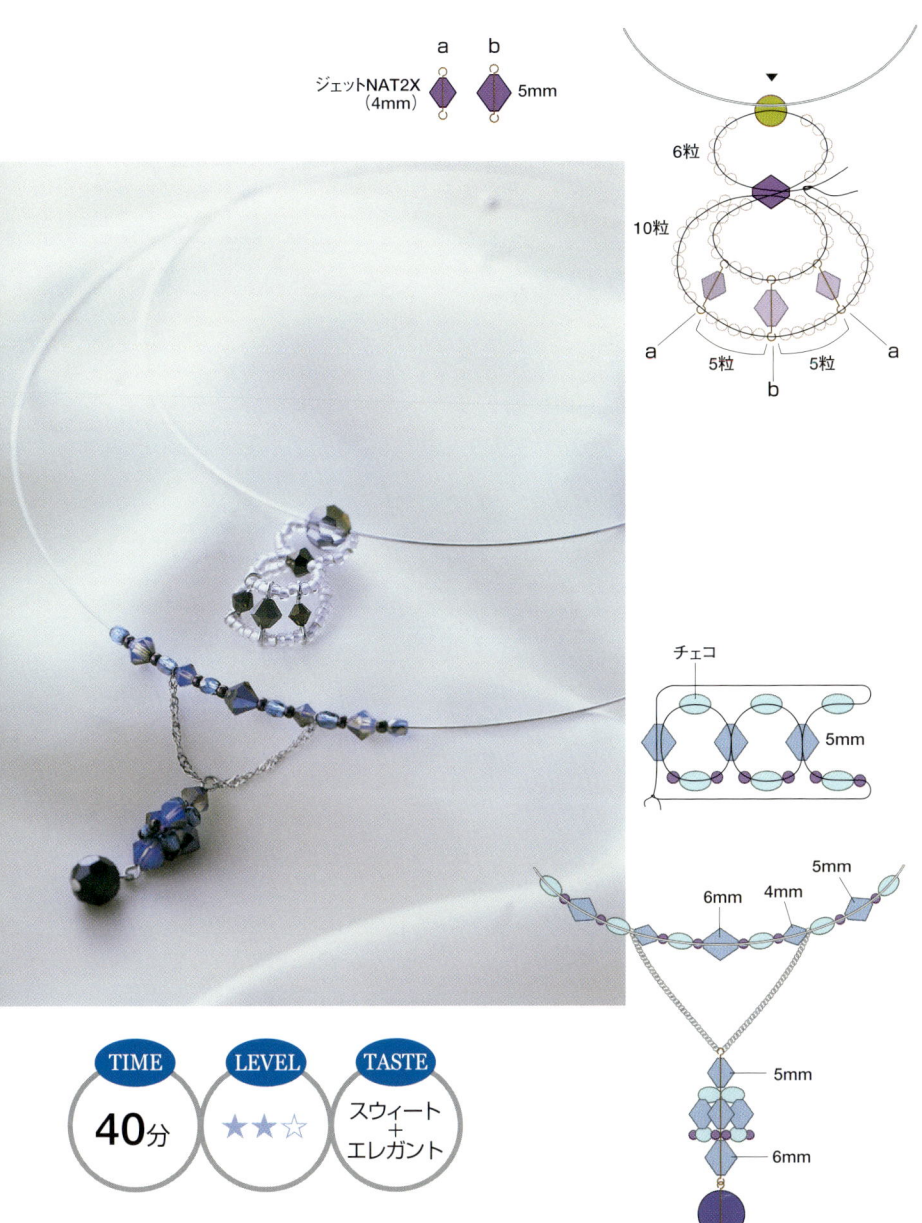

ジェットNAT2X
（4mm）

a　b

5mm

6粒

10粒

5粒　5粒

a　　　　　a

b

チェコ

5mm

5mm

6mm　4mm

5mm

5mm

6mm

●材料（写真上）

スワロ5301	ジェットNAT2X	4mm	2粒
スワロ5301	ジェットNAT2X	5mm	2粒
スワロ5000	ドラド2X	8mm	1粒
丸小	クリア（TOH021F）		60粒
ワイヤーネックレス	シルバー		1個
2号テグス		50cm	1本
9ピン	シルバー		3本

●作り方

1 パーツaを2個、パーツbを1個作る。

2 図のように、1のパーツを間に入れながらモチーフを編み、テグスを固結びにする。スワロ（8mm）にワイヤーネックレスを通す。

●材料（写真下）

スワロ5301	WオパールSB	4mm	2粒
スワロ5301	WオパールSB	5mm	6粒
スワロ5301	WオパールSB	6mm	2粒
スワロ5000	ジェット	8mm	1粒
チェコ	アクアマリンVA	3mm	12粒
丸小	黒（TOH085）		14粒
Tピン、9ピン	シルバー		各1本
ワイヤーネックレス	シルバー		1個
3号テグス		40cm	1本
チェーン	シルバー	2cm	2本

●作り方

1 図を参照にパーツを作る。

2 9ピンにスワロ（6mm）、1、スワロ（5mm）を通して先を丸め、これにスワロ（ジェット）を通したTピンをつなぐ。

3 ワイヤーネックレスの中心にスワロ（6mm）を通し、図のように丸小、チェコ、スワロ、チェーンの輪を通す。チェーンの先端に2をつなぐ。

グリーンとブルーの微妙な色合いが
地中海の夏を思わせる、
ロマンチックなネックレスです

●作り方ポイント

作り方2で3つのフラワーモチーフを編みな
がら戻るときに、1番目と3番目のモチーフに
だけ、丸小を足して立体感を出します。似た
色のビーズが多いので慎重に通しましょう。

●コーディネート

ペルシャビーズがエスニックな雰囲気なの
で、ベトナムや台湾などの襟なしブラウスな
どに合わせると、それらしい雰囲気に。もち
ろん、ふつうの白シャツやカットソーにも合
います。

TIME	LEVEL	TASTE
60分	★★☆	スウィート＋エレガント

ペルシャビーズのトリプルフラワーネックレス

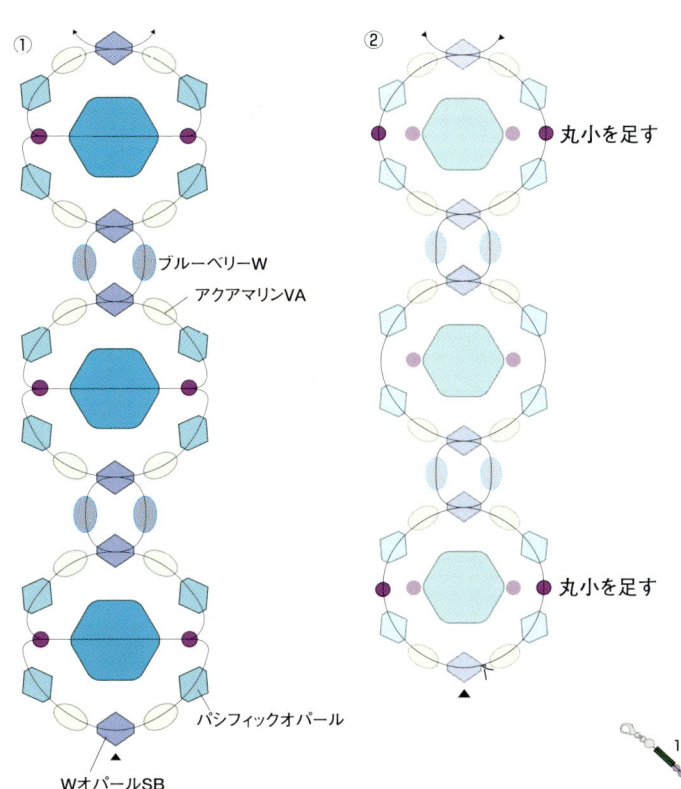

① ブルーベリーW
アクアマリンVA
WオパールSB
パシフィックオパール

② 丸小を足す

丸小を足す

③

● 材料

ペルシャビーズ	水色	8mm	3粒
スワロ5301	パシフィックオパール	4mm	16粒
スワロ5301	WオパールSB	4mm	8粒
チェコ	アクアマリンVA	3mm	12粒
チェコ	ブルーベリーW	4mm	4粒
丸小	紫（TOHO85）		62粒
竹ビーズ	TW2028		20粒
捨てビーズ、Cカン	シルバー		各2個
ボールチップ	シルバー		2個
アジャスター・カニカン	シルバー		各1個

● 作り方

1 図1のようにテグスを丸小、ペルシャビーズ、丸小の3粒で交差させながら、モチーフを3個編む。

2 1の続きで、モチーフの外側のビーズ（丸小以外）を拾い、新たな丸小を加えながら編み戻る（真ん中のモチーフは丸小を加えない）。

3 1mのテグスで、ネックレス部分を2本通し（P82参照）する。テグスはボールチップで処理してカニカン、アジャスターをつける。

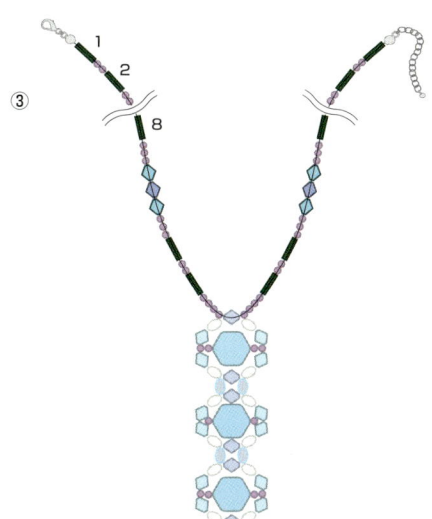

ミスマッチとも思える、
バイオレットとターコイズの組み合わせは
色合わせ上級者向け。

バイオレット×ターコイズの
フリンジネックレス＆３連リング

●作り方ポイント

リングは２〜３段目に移るときの、テグスの通り方をまちがえなければ簡単です。ネックレスは、9ピンパーツの先を丸めた輪の大きさがそろっていないと、きれいなフリンジになりません。

●コーディネイト

意外にどんな服にも合わせやすいので、出番が多いセットです。ネックレスは揺れるフリンジをきれいに見せたいので、胸元が少し開いた服に。リングはスーツからジーンズまで幅広く使えます。

TIME	LEVEL	TASTE
60分	★☆☆	キュート＋エレガント

らせん状に編んでいく、
ボリュームのあるリングは、
私のお気に入りです。

アマゾナイトのリング
パールのらせんリング

●作り方ポイント
アマゾナイトのリングは、基本編み
から中心のモチーフに移るときの、
テグスの動きに注意。パールのらせ
んリングは、オレンジパールが入る
位置と、段が変わる部分さえ気をつ
ければ簡単です。

●コーディネイト
アマゾナイトのリングは、P81とお
そろいでつけると甘いミントグリー
ンが引き立ちます。パールのリング
は、チェーンを通してネックレスに
しても面白いかもしれません。

TIME	LEVEL	TASTE
60分	★☆☆	キュート +カジュアル

バイオレット×ターコイズの
フリンジネックレス&3連リング (p76)

●材料（ネックレス）

スワロ5301	バイオレット	4mm	8粒
チェコ	トルコLOP	4mm	6粒
丸小	シルバー(広島151)		8粒
丸小	黒(TOHO85)		9粒
9ピン	シルバー		3本
Tピン	シルバー		4本
チェーン	シルバー	20cm	2本
Cカン	シルバー		2個
アジャスター・カニカン	シルバー		各1個

●作り方

1 図1を参照してパーツa、bをそれぞれ2個作る。
2 9ピンにパーツa、bと丸小を通し、両端をチェーンにつなぐ（図2）。

●材料（リング）

スワロ5301	バイオレット	4mm	6粒
チェコ	トルコLOP	4mm	6粒
丸小	シルバー(広島151)		14粒
丸小	黒(TOHO85)		98粒
2号テグス		70cm	1本

●作り方

1 図1を参照して1連分のビーズを通したら、チェコで交差させ、丸小（シルバー）を通して次の連へ、という作業をくり返し、3連分を編む。
2 1で通したチェコ3個を拾いながら丸小で8の字に編み、テグスを固結びにする。

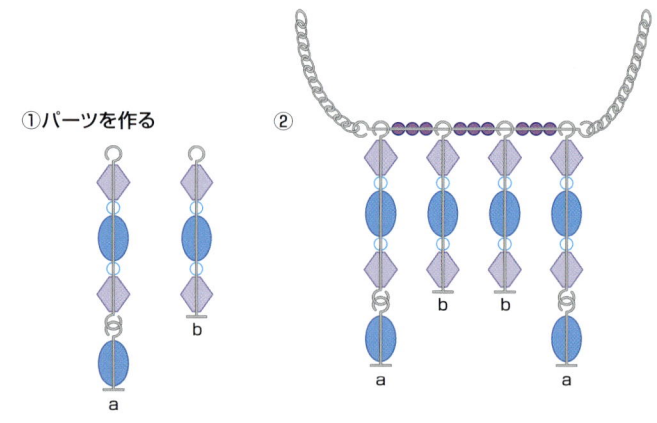

①パーツを作る

a   b

②

a   b   b   a

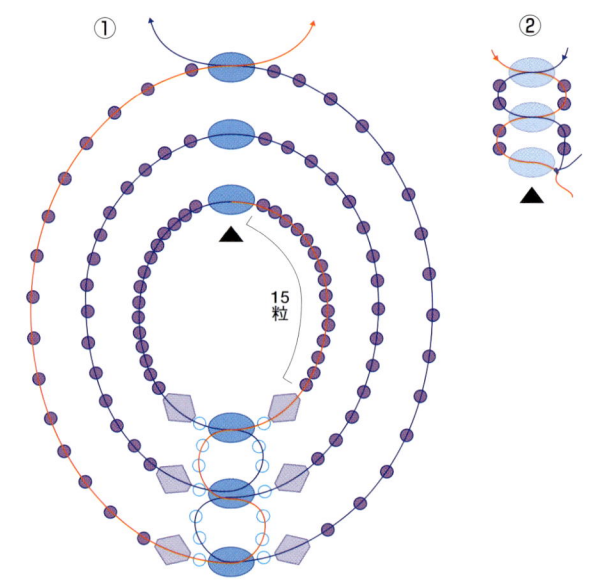

①

15粒

②

パールのらせんリング
アマゾナイトのリング (p77)

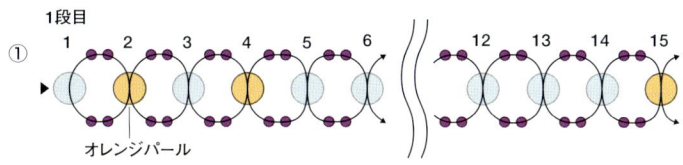

1段目

①

1　2　3　4　5　6 　12　13　14　15

オレンジパール

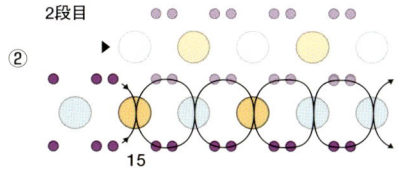

2段目

②

15

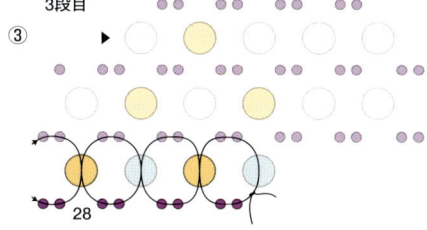

3段目

③

28

①

1　2　3　4　5

②

1　2　3

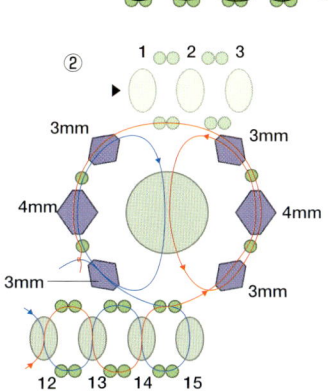

3mm　3mm

4mm　4mm

3mm　3mm

12　13　14　15

●材料（パールのらせんリング）

パール	白	4mm	24粒
パール	オレンジ	4mm	7粒
丸小	黒（TOHO85）		88粒
2号テグス		90cm	1本

●作り方

1　図1のように、パールと丸小の8の字編みを14回くり返す。

2　15粒目のパール（オレンジ）でテグスを交差させたら、1で編んだ丸小を拾いながら2段目を編む。

3　28粒目のパール（オレンジ）でテグスを交差させたら3段目を編み、テグスを向かい合わせて固結びにする。

●材料（アマゾナイトのリング）

アマゾナイト		6mm	1粒
スワロ5301	タンザナイト	3mm	4粒
スワロ5301	タンザナイト	4mm	2粒
チェコ	CWオリーブL	4mm	15粒
丸小	緑（TOHO952）		60粒
2号テグス		80cm	1本

●作り方

1　チェコと丸小の8の字編みを14回くり返す。

2　最後は丸小2粒で交差。図2のように中心モチーフを編み、テグスを固結びする。

スワロのクロスネックレス

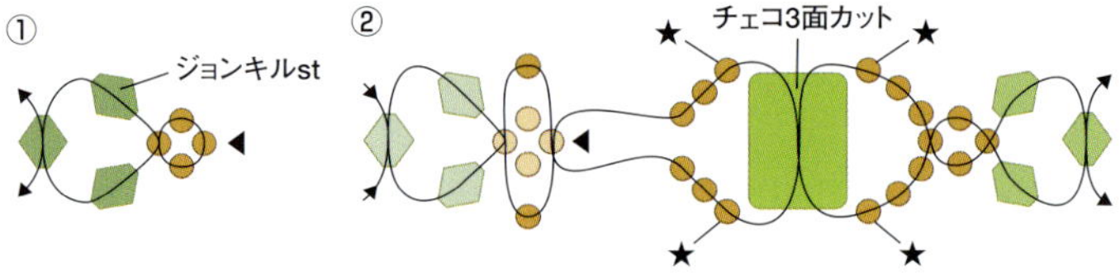

① ジョンキルst

② チェコ3面カット

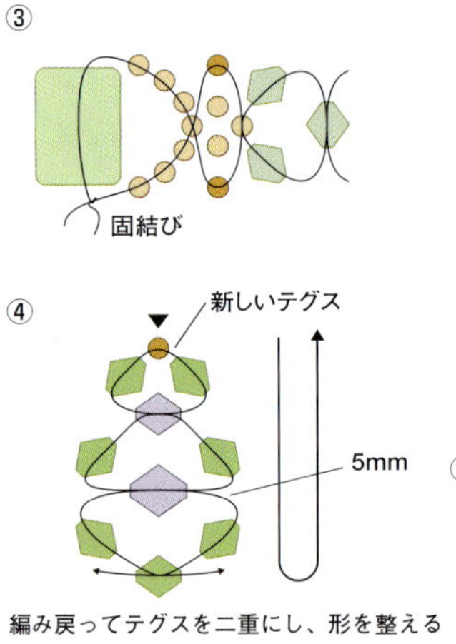

③ 固結び

④ 新しいテグス

5mm

編み戻ってテグスを二重にし、形を整える

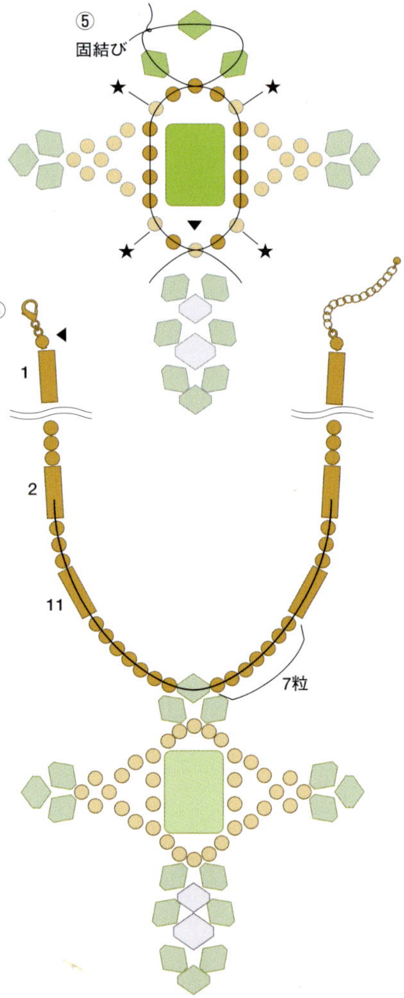

⑤ 固結び

⑤

1

2

11

7粒

●材料

スワロ5301	ジョンキルst	4mm	16粒
スワロ5301	Ltピーチst	4mm	1粒
スワロ5301	Ltピーチst	5mm	1粒
チェコFP3面カット	オリーブ	6mm	1粒
丸小	ブロンズ(TOHO221)		112粒
竹ビーズ	ブロンズ(TW2006)		22個
2号テグス	モチーフ用	50cm	2本
2号テグス	ネックレス用	1m	1本
ボールチップ、捨てビーズ、Cカン	金フルビ		各2個
アジャスター・カニカン	金フルビ		各1個

●作り方

1 50cmのテグスで、図1～3のようにクロスの横を編む。

2 新たな50cmのテグスでクロスの下のラインを編む。形を整えるために、編み戻りながら2重に編む。

3 2のテグスの続きで、図2のビーズを拾い、新たな丸小を加えながら中心と上の部分を編み、テグスを固結びにする。

4 1mのテグスで、P82を参照してネックレス部分を通す。

TIME **60分**

LEVEL ★★☆

TASTE スウィート＋エレガント

アマゾナイトのクロスネックレス

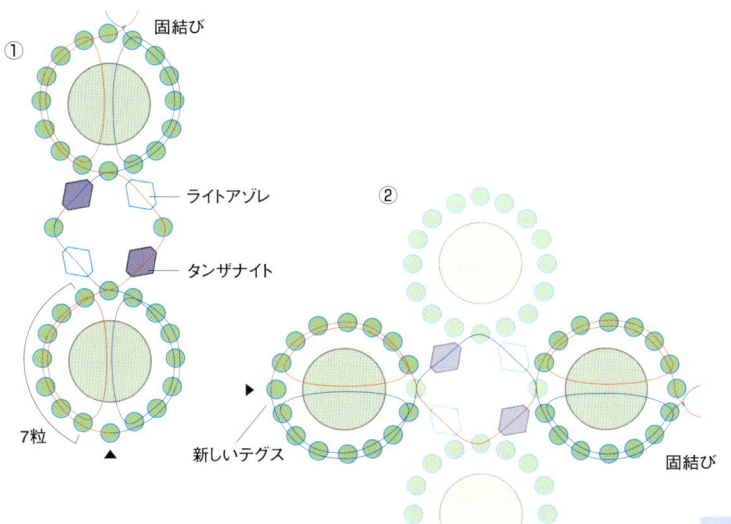

① 固結び

ライトアゾレ

タンザナイト

7粒

新しいテグス

② 固結び

③

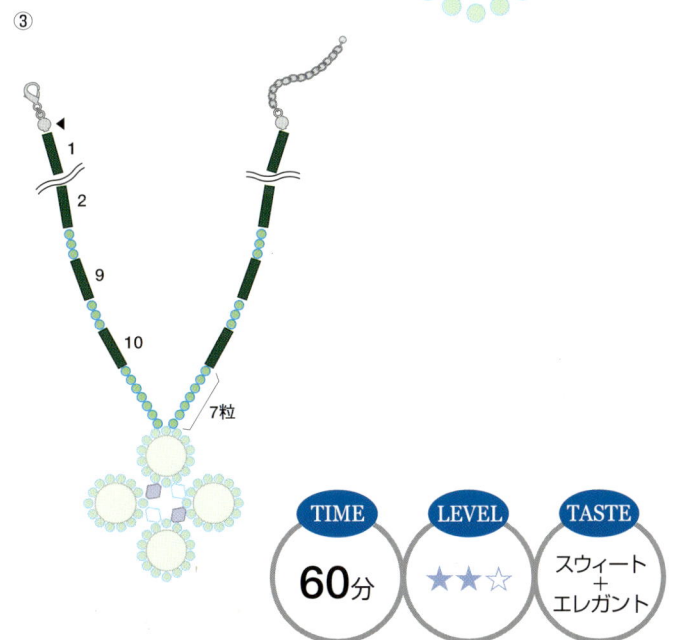

●材料

アマゾナイト		6mm	4粒
スワロ5301	タンザナイト	6mm	2粒
スワロ5301	Ltアゾレ	6mm	2粒
竹ビーズ	緑（TW2028）		20粒
丸小	緑（TOHO952）		132粒
2号テグス		40cm	2本
2号テグス		1m	1本
ボールチップ	シルバー		2個
捨てビーズ、Cカン	シルバー		各2個
アジャスター・カニカン	シルバー		各1個

●作り方

1 40cmのテグスで、図1のようにクロスの縦を編む。

2 新たな40cmのテグスで1で編んだスワロと丸小を拾いながら、クロスの横のラインを編む（図2）。

3 1mのテグスで、図3を参照してネックレス部分を通す。

TIME	LEVEL	TASTE
60分	★★☆	スウィート＋エレガント

この本の作品作りに必要なテクニック

ビーズジュエリー作りの基本テクニックです。難しいこ
とはなにもありません。作品をきれいに仕上げるために、
私が心がけていることも一緒にお伝えしましょう。

●テグスの固結び

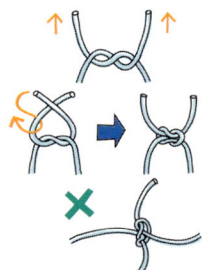

一度目と二度目で、上に来
るテグスが互い違いになる
ように結びます。縦結びは
結び目が大きく、ビーズに
隠れにくいので注意。

●結び目の処理

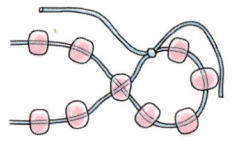

固結びをしたら、隣のビー
ズに結び目を引き込み、編
んだ通りに2cm以上編み戻
します。編み目を無視しな
いように。

●ボールチップの処理
（2本通し）

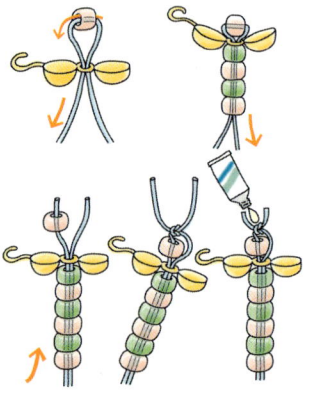

（始め）テグスに捨てビーズを通
し、ボールチップの内側から外側
にテグス2本をそろえて通します
（終わり）テグスに捨てビーズを
通して固結びし、接着剤で固定。
テグスをビーズボールに収まる長
さ（約2mm）に切ります。

●ボールチップのフックの丸め方

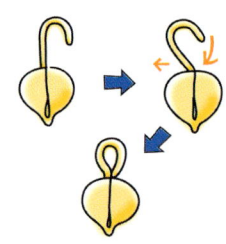

平ペンチでフックの根本を
少し倒してから、しずく型
になるように丸めます。丸
めるときに、引き輪やアジ
ャスターを通します。

●丸カンの開き方

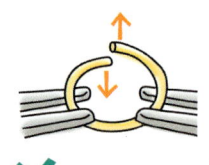

丸カンは必ず、上下にずら
すよう開きます。開きすぎ
たり、丸カンを左右に開く
と、閉じたときにゆがみが
出てしまいます。

これだけあれば大丈夫
お気に入りの
ビーズツール

私がいつも使っている道具をご紹介し
ます。手になじんで使いやすい、作品
作りの心強いパートナーです。

丸ペンチ
先端が円錐形になっ
ているので、9ピン
やTピンを丸めるな
ど、細やかな作業が
に向いています。ピ
ン使いの多い作品に
は便利です。

平ペンチ
ピンを曲げたり、丸
カンの開閉、ボール
チップやつぶし玉の
処理などに使いま
す。先が細く、ギザ
ギザがないものを選
びましょう。

● ピンの曲げ方

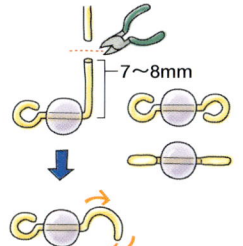

7～8mm

平ペンチで先端を直角に曲げ、先を7～8mm残してニッパーで切ります。ピンの先を丸ペンチでていねいに丸めます。

※9ピンの丸める向きは、S字にするか、同じ向きにするか、ひとつの作品で統一する。

● 9ピンのつなぎ方

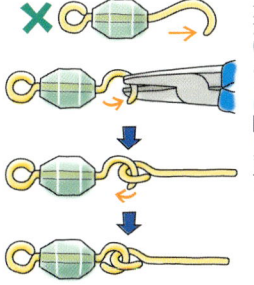

✕

平ペンチで9ピンの先を前後にずらすように開き、次のピン（チェーンや金具）に通し、すき間が開かないように閉じます。

● つぶし玉の処理

つぶし玉は平ペンチを使って、一度にしっかりとつぶします。残りのテグスは、つぶし玉の際でニッパーで切りましょう。

● テグスが足りなくなったら

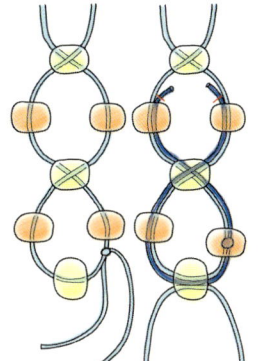

テグスの残りが約10cmになったら、固結びの処理の要領でテグスを結んで編み戻します。固結びの結び目は新しいテグスを通すビーズ以外に隠し、新たなテグスで続きを編みます。

● 革ひもの処理

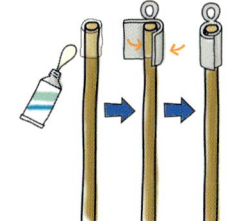

革ひもの先端に接着剤をつけてカシメにのせ、平ペンチでカシメを1片ずつ折り畳むように倒します。

● Vカップの処理

ボールチェーンの端の1個をVカップの片側にはめて、平ペンチでVカップをぴったりと閉じる。

複雑な作品を作るときは

▼

P4のネックレスのように、テグスを何本も使う複雑な作品を作るときは、テグスを固結びしたあと、編み戻す処理をせずに、長いままにしておきます。

途中で間違いに気づいたときも、テグスを切らなければ、ほどいてその部分だけやり直せます。テグスが何本も出て、作業のじゃまになるようなら、事務用クリップでまとめます。編み戻して結び目を隠す作業は最後にまとめて行います。

ニッパー
テグスやピン、ワイヤーを切るのに使う道具です。テグスやワイヤーを、ビーズやパーツの際で切るなど、細かいカットが正確にできます。

ビーズトレイ
三角形の角を利用して、ビーズを容器に移したり、ビーズをすくい取ったりします。スタッキングできるので場所も取りません。

ゾンテ
本来、歯科医用の道具ですが、結んだテグスをほどいたり、パールの詰まりを掃除するなど、私にとっては手放せない道具のひとつです。

日下由美子(Yumico KUSAKA)

ビーズジュエリーデザイナー／洋服に合わせて作っていたビーズジュエリーが周囲で評判となり、2002年に自らのホームページ「Honey Bees」を立ち上げる。2003年、読売新聞社・日本アートアクセサリー協会主催のビーズグランプリにて「クレオパトラのまどろみ」でグランプリを受賞。大人の女性に向けたシックでゴージャスな作品が高く評価され、現在はビーズ雑誌やテレビ、講習会で活躍中。

※この本の掲載作品の一部キットを、ホームページで販売いたします。くわしくは下記をご覧ください。
http://www.yumico.net/honeybees

ビーズジュエリー「TOKYOセレブスタイル」51

2004年9月15日　初版第1刷発行

発行人／深澤健一
発行所／株式会社　祥伝社
　　　　〒101-8701
　　　　東京都千代田区神田神保町3-6-5
　　　　☎03-3265-2310（編集部）
　　　　☎03-3265-2081（販売部）
　　　　☎03-3265-3622（業務部）
　　　　祥伝社のホームページ　http://www.shodensha.co.jp
印刷　萩原印刷
製本　積信堂

ご意見、ご感想をおきかせください

この本をお読みになってのご意見、ご感想をお聞かせください。今後の企画の参考にさせていただきます。お名前、ご住所、お電話番号、ご職業を明記の上、Eメール、ハガキまたはファックスで下記までお送りください。いただいたご意見、ご感想は、新聞や雑誌を通してご紹介させていただくことがあります。採用の場合には特製図書カードを差し上げます。

〒101-8701
東京都千代田区神田神保町3-6-5　祥伝社　書籍出版部　伊丹眞
E-MAIL　itami@shodensha.co.jp
FAX　　03-3265-2025

撮影／泉　健太
カバー&本文デザイン／溝端ひろみ（SPOT）
作図／キャップ
イラスト／うえだしげこ
企画・編集／高橋良枝　佐治　環（アトリエ・ヴィ）
※本の内容に関するお問い合わせは、FAX 03-3292-3780、Eメール tama-s@atelier-vie.co.jpまで